La voie française

Du même auteur

Fugue américaine, Gallimard, 2023.

L'ange et la bête. Mémoires provisoires, Gallimard, 2021 ; Folio, 2022.

Une éternel soleil, Albin Michel, 2021.

Paul. Une amitié, Gallimard, 2019 ; Folio, 2020.

Le Nouvel Empire. L'Europe du vingt et unième siècle, Gallimard, 2019.

Ne vous résignez pas, Albin Michel, 2016.

À nos enfants, Gallimard, 2014 ; Folio, 2018.

Jours de pouvoir, Gallimard, 2013 ; Folio, 2014.

Musique absolue. Une répétition avec Carlos Kleiber, Gallimard, 2012 ; Folio, 2014.

Nourrir la planète, entretiens avec Véronique Auger, Gallimard, Le Cherche Midi, 2011.

Sans mémoire, le présent se vide, Gallimard, 2010.

Des hommes d'État, Grasset, 2008 ; Pluriel, 2010.

Le Ministre, Grasset, 2004.

Bruno Le Maire

La voie française

Flammarion

ISBN : 978-2-0804-5246-7
© Flammarion, Paris, 2024
N° d'édition : 633311-0
Dépôt légal : mars 2024
N° imp : 104428
Imprimé en France

Cet ouvrage a été mis en pages par Pixellence.

CET OUVRAGE
A ÉTÉ ACHEVÉ D'IMPRIMER
SUR ROTO-PAGE PAR L'IMPRIMERIE FLOCH
À MAYENNE EN MARS 2024

Tout reste à faire, puisque tout est remis en question.

Raymond Aron (1939)

Où en sommes-nous ?

Où en est la nation ?

On dit la France de climat tempéré.

En réalité, parmi toutes les nations du monde, notre nation a le tempérament le plus instable ; elle obéit à la météo capricieuse de son histoire ; elle subit avec le plus de force les courants chauds et froids des mouvements planétaires. En un rien de temps elle enfle, elle déborde, des rivières de colère sortent de leur lit, où elles retourneront aussi vite, comme lassées de leur propre emportement.

Sur la côte basque, le *brouillarta* est un phénomène climatique singulier ; en faisant tomber d'un coup une masse d'air chaud sur l'océan, il déchaîne des vents violents, creuse en mer des vagues de plusieurs mètres de hauteur, soulève sur les plages des tempêtes de sable inattendues.

La France est coutumière de ces coups de tabac, qui surprennent jusqu'aux marins les plus expérimentés de la navigation gouvernementale. Tout est calme ; aucun nuage à l'horizon ; on navigue sous une brise modérée ; et puis un incident fait chuter la pression atmosphérique, le ciel politique se couvre de nuages sombres, le peuple descend dans la rue, la violence gagne les campagnes, on ne sait plus comment tenir son cap au milieu des éléments déchaînés, qui ne vous laissent aucun répit.

Qui avait vu venir les Gilets jaunes ? Qui avait vu venir la crise agricole de janvier 2024 ?

Que ces colères régulières ne nous empêchent pas de retracer le long cheminement de notre histoire : nous restons une grande nation, qui tient son rang. Le déclassement que tous les observateurs nous annoncent est un renoncement, pas une fatalité ; il est une angoisse collective, pas un mal incurable ; il se vaincra par le travail, le courage, la lucidité.

Sans cesse la France hésite entre le contentement et la colère ; elle construit sa gloire, puis sombre dans l'apathie ; elle s'admire et se déteste. Quand on la croit abattue, crevée comme une bête au bord du chemin, elle ouvre un œil, agite un membre, se relève et part au galop sur un chemin escarpé. La médiocrité la tente, mais elle la vomit ; la gloire la fascine, mais la fatigue.

Nation en somme jamais tout à fait en équilibre, parce que jamais satisfaite ni de son destin, ni du monde.

Peuple jamais rassemblé, parce que divisé depuis 1789, terrien, parcellaire, attaché à son lopin, à son pavillon, à ses haies – irréconciliable avec lui-même. L'unité en France prend toujours le visage d'un sauveur, à défaut de prendre la forme de son peuple ; pour le meilleur – Napoléon, de Gaulle –, ou pour le pire – Pétain. Il n'y a pas seulement 68 millions de Français ; il y a 68 millions de France.

À cette insatisfaction chronique, César avait trouvé une explication : le territoire des Gaulois était trop étroit pour leur tempérament batailleur.

Le monde désormais serait-il devenu trop vaste pour notre caractère fatigué ?

Après tant de siècles de conquête, après avoir donné une Déclaration des droits de l'homme, codifié les lois, industrialisé nos territoires, cultivé nos terres jusque sur les pentes abruptes des Alpes, après avoir surmonté les désastres de Sedan, du Chemin des Dames ou de 40, soixante-cinq ans après avoir enfin trouvé une Constitution qui nous convienne, nous aurions droit à un peu de repos mérité.

En somme, laisser tomber toute gloire.

« Mère des arts, des armes et des lois [1] », la France se laisse ainsi séduire par des doctrines

---

1. Joachim du Bellay, « France, mère des arts, des armes et des lois », *Les Regrets*, 1558.

importées des campus américains, son armée se retrouve bien solitaire en Europe, parfois ses lois ne sont plus appliquées sur son propre territoire. Notre société commune se disloque ; cris et sarcasmes valent discussion ; le privilège de la raison est à terre.

Alors, muette, notre langue ? morte, notre civilité ? éteint, notre esprit ?

Non.

Langue, civilité, esprit restent les clés qui nous ouvriront un nouvel avenir et nous permettront, comme à chaque moment de péril dans notre histoire, de préserver la grandeur de notre nation et d'ouvrir une voie singulière, comme une voie de montagne que personne ne croit accessible.

La voie française.

Où en est notre économie ?

Longtemps, notre économie a été notre point faible.

À force de raisonnements économiques et financiers aberrants, ou de rêves de grands soirs, qui tous ont tourné au cauchemar, notre nation a laissé filer son industrie, mis la clé sous la porte de milliers d'usines, délaissé les filières du textile ou de l'électroménager, failli abandonner le nucléaire, laissé des territoires à leur sort. En 1965, le département où les indicateurs de prospérité et de satisfaction étaient les plus élevés en France était celui du Nord ; en 2024, il se classe parmi les derniers. Brutal mouvement de balancier, qui déplace la prospérité du Nord vers la côte atlantique ou les grandes métropoles, laissant derrière lui amertume, colère, sentiment d'abandon. 1981 aura accéléré cette tendance, sans que le courage de quelques responsables socialistes parmi les plus lucides – Pierre Mauroy, Jacques Delors – puisse enrayer la chute.

Notre économie est désormais notre socle le plus solide.

En quelques années, nous avons apporté la preuve, avec Emmanuel Macron, que la France avait la capacité de corriger ses erreurs, de transformer son image internationale, de redevenir un territoire attractif et une économie à succès.

Tout est-il accompli ?

Certainement pas.

Avons-nous touché une terre sûre ?

Probablement non, au regard des menaces qui pèsent sur toutes les économies mondiales.

Une extension du conflit actuel au Proche-Orient entraînerait une envolée des prix du pétrole dommageable à la croissance mondiale. Un retrait du soutien américain à Kiev obligerait les nations européennes à augmenter leur contribution financière et militaire, sauf à risquer la défaite, donc la disparition de nos valeurs et la mise en danger de nos frontières. La moindre étincelle dans le détroit de Taïwan pourrait embraser la région et suspendre le trafic de plus de la moitié du commerce mondial. À quel prix ? Plusieurs attaques de rebelles houthis en mer Rouge en décembre 2023 ont obligé les compagnies de fret maritime à détourner la route de leurs porte-conteneurs du canal de Suez au cap de Bonne-Espérance. Bilan : quatorze jours de mer supplémentaires de Shanghai au Havre ; un prix du container qui bondit de 1 500 à 4 000 dollars ; des chaînes de valeur perturbées. Ce sont des incidents ; un conflit dans le détroit de Taïwan serait une catastrophe.

Depuis une dizaine d'années, nous avons connu les risques technologiques, inflationnistes, épidémiologiques ; désormais, les risques économiques les plus graves sont géopolitiques.

Sommes-nous dans la bonne direction ?

Oui.

En 2017, qui aurait pensé que nous réussirions notre pari de faire de la place financière de Paris la première place financière d'Europe ? Pari tenu. À force de décisions courageuses, de mobilisation de toutes les administrations, de simplification de nos règles, Paris fait désormais partie des puissances financières qui comptent dans le monde.

La désindustrialisation semblait inéluctable, elle est stoppée ; les friches industrielles étaient le visage de fer et de béton de notre déclin, elles reprennent vie partout sur le territoire.

En sept ans, nous avons créé 100 000 emplois industriels, ouvert 600 usines, lancé de nouvelles filières industrielles dans le domaine des batteries électriques, du recyclage ou des semi-conducteurs, replacé au cœur de notre stratégie énergétique les centrales nucléaires que certains voulaient fermer : quelle preuve plus éclatante de notre volonté politique ? quelle meilleure réponse à la cohorte des défaitistes qui se nourrissent depuis des années de la désindustrialisation pour étendre leur emprise sur les esprits – sans jamais avoir le courage de prendre ou de proposer les décisions nécessaires pour inverser la tendance, par exemple en matière fiscale ?

La route est encore longue, qui fera de nouveau de la France une grande nation de production, fidèle à son histoire et à son génie. Mais nous sommes sur le seul chemin qui vaille, celui de la volonté.

Depuis quarante ans, nous étions la nation du chômage de masse ; nous nous rapprochons du plein emploi – le taux d'activité est à son plus haut depuis 1975.

Tous ces succès se heurtent au scepticisme viscéral propre à notre esprit national : au mieux on les considère comme les derniers feux de la couronne, au pire on les ignore. Il faut lire la presse allemande, ou – ironie du sort – la presse anglo-saxonne, pour entendre un jugement plus clément : « *Wirtschaftswunder*[1] », « *Paris' rise to the top* ».

Miracle économique et première place du podium se disent en langue étrangère ; apprenons à les reprendre à notre compte.

Alors oui, nous avons été pris comme toutes les autres nations développées dans la tourmente du covid et de la crise inflationniste. Mais faut-il rappeler que nous avons retrouvé les premiers en Europe notre niveau d'activité d'avant crise ? Faut-il souligner que nous avons su éviter des pics inflationnistes annuels à 15, 20 ou 25 % que d'autres pays ont connus sur notre continent ?

Ces mesures de protection, nous les avons payées au prix fort ; maintenant que nous sommes sortis de la tourmente, la sagesse commande de rétablir les finances publiques, comme en 2017 et 2018.

---

1. « Miracle économique ».

Toutes les forces de notre économie n'ont pas encore donné ; il reste des décisions difficiles à prendre pour les libérer, atteindre le plein emploi, développer notre industrie, garder sur notre sol nos scientifiques et nos ingénieurs, améliorer notre productivité, valoriser encore davantage le travail ; mais elles donneront – et nous retrouverons la prospérité collective sans laquelle aucun projet politique ne peut tenir durablement.

Où en sont les citoyens ?

Prise dans les mâchoires d'une double révolution planétaire – l'individualisation des esprits et la remise en cause de l'ordre occidental –, la France a du mal à défendre sa singularité : une nation dont chaque membre est à la fois un individu *et* un citoyen, une personne unique *et* le membre égal d'un tout qui le dépasse.

La première de ces révolutions conduit mécaniquement le citoyen à se replier sur soi, par choix, par résignation, ou parce que les algorithmes en ont décidé ainsi. Chacun de nous devient de plus en plus individualiste, de moins en moins soucieux du collectif national. Cette individualisation des esprits opère un retournement dans notre histoire, car elle déséquilibre notre double appartenance à notre mémoire personnelle et à notre mémoire nationale, au détriment de la seconde. Autrement dit, nous nous sentons appartenir toujours plus à nos origines, toujours moins à notre nation. Ainsi prospère le communautarisme. Quelle négation plus radicale de notre singularité ?

En 1835, Tocqueville observait : « Une grande révolution démocratique s'opère parmi nous : tous la voient, mais tous ne la jugent point de la même manière. Les uns la considèrent comme une chose nouvelle, et, la prenant pour un accident, ils espèrent pouvoir encore l'arrêter ; tandis que d'autres la jugent irrésistible, parce qu'elle leur semble le fait le plus continu, le plus ancien et le plus permanent que l'on connaisse dans l'histoire [1]. »

Je ne prends pas cette individualisation des consciences pour un accident, mais bien pour un mouvement de fond. Irrésistible ? Sans doute. Impossible à réorienter ? Certainement pas. En le mettant au service d'une nouvelle ambition collective, nous pouvons en faire une arme pour redonner un sens à notre nation. Nous pouvons et nous *devons* le faire : sans quoi, par une étrange ruse historique dont nous voyons les effets tous les jours, les consciences individuelles se regrouperont

---

1. Alexis de Tocqueville, *De la démocratie en Amérique*, livre I, « Introduction ».

de plus en plus dans des masses indistinctes, faciles à manipuler. Il ne peut pas y avoir de démocratie sans citoyens éclairés – et notre génie français aura été, au XVIIIᵉ siècle, de conjuguer le mouvement des Lumières et celui de la révolution politique, la maturité des consciences et le bouleversement des institutions.

Ce qui nous menace trois siècles plus tard est un mouvement inverse, qui conjuguerait le repli des consciences, ou leur manipulation par un outil technologique, et l'affaiblissement de nos institutions. Le règne des masses est celui du chaos. Les libertariens le savent et le revendiquent, rien ne peut davantage saper une démocratie que la prison numérique, surtout quand elle porte le masque de la liberté. Nous pensons être libres, en réalité nous suivons nos certitudes, nos inclinations, nos goûts, nos habitudes dans le reflet de nos écrans. Le narcissisme digital ronge la démocratie, qui a besoin de différence et de débat.

Une seconde révolution – la contestation de l'ordre occidental – nous touche aussi de plein fouet. N'avons-nous pas été depuis deux siècles un des peuples qui a porté le plus haut les valeurs de liberté, de souveraineté populaire, de fraternité, de démocratie, de résistance ? Quand les régimes autoritaires redressent la tête, la France baisse la sienne ; quand des voix de plus en plus violentes s'en prennent au monde occidental, la France a du mal à faire entendre la sienne.

Individu heureux, citoyen malheureux : voilà le déchirement français. Il se lit dans les sondages. Il se vit au jour le jour. Il me suffit de me rappeler les remarques des uns et des autres, partout en France, au fil de mes déplacements : « Que voulez-vous, on a trop laissé faire ! Maintenant c'est trop tard. » Ou plus brutalement : « Tout fout le camp. » Tout quoi ? Et pourquoi serait-il trop tard ?

Il n'est jamais trop tard.

Et ce déchirement ne peut pas être uniquement un objet de sociologie. Il doit conduire au contraire à une politique de réconciliation de la personne et de la nation qui ne passera ni par des mensonges, ni par des facilités, encore moins par des renoncements, mais par des décisions difficiles, matérielles et spirituelles, au service d'une seule ambition : l'affirmation de la France.

Affirmer la France, certainement pas avec cette arrogance creuse qui conduit à taper avec une cuillère de bois sur la casserole de notre orgueil. Mais en retrouvant ce que nous sommes et ce que nous voulons être ; en redonnant vie à notre histoire, sans laquelle aucun avenir ne peut se dessiner ; en garantissant la transmission de nos mémoires, en défendant notre langue contre la facilité des anglicismes, en veillant au respect de nos principes républicains, dont la laïcité est l'emblème le plus singulier, le plus utile aussi contre la montée des fondamentalismes ; en reconstruisant un lien avec les autres peuples du monde, qui nous ont toujours nourris et que nous avons souvent inspirés ; en restant libres face aux endoctrinements de toutes sortes ; forts face aux régimes totalitaires ; unis, au lieu de céder aux divisions ; raisonnables, quoique passionnés.

La France a du mal à se reconnaître dans le miroir sans pitié du XXIe siècle.

Le rôle de la politique est de lui proposer une image forte et digne.

Où en suis-je ?

Vingt ans.

Vingt ans, depuis mes premières fonctions de conseiller au cabinet de Dominique de Villepin, que je suis engagé dans la vie publique.

Je ne vais pas ici mâchonner mon passé, comme un cheval fait grincer son mors quand il renâcle. Je ne renâcle à rien, surtout pas aux tâches futures.

Mais je suis bien obligé de me retourner sur les années passées, pour mesurer la distance entre mes espoirs et mes accomplissements.

Ai-je fait de mon mieux ? Je le crois. Ai-je compté mes heures dans mon engagement public ? Jamais.

Et pourtant, qu'auront changé pour mes compatriotes mes centaines de déplacements en voiture, en train, en avion ou en bateau, les dizaines de milliers de kilomètres avalés, les marchés parcourus de long en large, les nuits blanches, les couloirs arpentés sans répit ? Trop peu. Le bilan lucide de son propre engagement ne monte jamais très haut.

La seule récompense, mais considérable, vient d'un regard, d'un « merci », d'une tape dans le dos ou d'une poignée de main émue, qui dit tant. Ces gestes valent tous les encouragements. Ils vous délivrent des réseaux sociaux qui vous enferment mot après mot, insulte après insulte, derrière les barreaux imaginaires d'une prison mentale. Sordide incarcération numérique.

Parfois le ciel gris et monotone de la vie politique se déchire, une lumière vive tombe brutalement : le 14 février 2003, à la fin du discours de Dominique de Villepin au Conseil de sécurité des Nations unies, alors que le public dans les travées applaudissait spontanément, je jetai un œil sur un Colin Powell sidéré et je tremblai de fierté ; le 16 juillet 1995, quand Jacques Chirac reconnut enfin la responsabilité de l'État français dans la déportation des Juifs, je pleurai ; en 2010, préserver comme ministre de l'Agriculture l'aide européenne aux plus démunis, avec le soutien sans faille de Véronique Colucci, me convainquit que la politique pouvait encore changer la donne ; la décision de 2019 sur la taxation minimale internationale, que mes équipes et moi avions mis des années à faire adopter, me remplit de ce sentiment si puissant du travail accompli : enfin les multinationales ne pourraient plus échapper au paiement de leurs impôts ; en 2020, la réunion des ministres des Finances européens actant la dette commune pour faire face à l'effondrement économique du covid, me rassura : en situation de crise, les États membres étaient encore capables de balayer les dogmes financiers du passé et d'inventer des solutions nouvelles ; en 2022, la réélection d'Emmanuel Macron pour un second mandat ouvrit pour la première fois sous la Ve République la perspective d'une constance dans notre politique économique. Tout notre travail ne serait pas jeté aux orties, comme cela arrive souvent.

Nous, les responsables politiques, sommes les moins à même de juger notre histoire, non seulement parce que nous sommes partie prenante, mais aussi parce que le compas étroit de nos carrières nous amène à qualifier à tout bout de champ le moindre succès, la plus modeste avancée de nos dossiers, le discours le plus filandreux, d'*historique*. Il suffirait que nous élargissions ce compas à la mesure des siècles qui nous précèdent pour que nous comprenions notre erreur de perspective.

Ce qu'on appelle *histoire* dans les manuels est un accident dans la vie pratique du responsable politique. Elle tient du précipité chimique : une dose de volonté dans un agrégat de circonstances.

En 2020, jamais Olaf Scholz et moi ne serions parvenus à un accord sur la dette européenne en commun si deux conditions n'avaient pas été réunies : la conjonction de vues entre Angela Merkel et Emmanuel Macron, la crise économique la plus grave depuis 1929.

Depuis longtemps cette idée de dette commune avait été poussée en France par des économistes, des fonctionnaires, des responsables politiques ; tous les ministres des Finances allemands l'avaient rejetée avec la plus grande vigueur ; à commencer par mon homologue, Wolfgang Schäuble, disparu en décembre 2023. Lors de notre première conférence de presse commune à Berlin, en 2017, il m'avait averti avant que nous montions sur l'estrade : « Nous pouvons parler de tout, sauf de dette commune ». Il aura fallu la détermination politique constante de la France, puis la brusque aggravation des circonstances, pour que ce qui était *tabou* devienne *totem*. Qui ne voit pas que cette dette commune, impossible hier, prospérera demain ? De cette métamorphose, la langue populaire dirait : « Rien ne sera plus comme avant. »

Mais le plus souvent en politique tout semble comme avant, les changements sont lents, presque imperceptibles. Tout *arrive*, rien ne *se produit*. Le rythme des mois et des années au pouvoir ressemble à celui des fleuves étales, comme la Loire angevine, dont les courants violents restent invisibles à l'œil nu ; il faut être plongé dans ses eaux, ou naviguer dessus, pour sentir leur force de résistance qui creuse des bassines, alterne les *mouilles* et les *seuils*, emporte brutalement des troncs de deux mètres de circonférence, avec leurs racines. Rien de spectaculaire ; tout se joue en profondeur. Les empêchements se multiplient, les obstacles se dressent, les écueils vous font échouer. Il faut naviguer au plus près, se mouvoir vite, prendre de vitesse la lassitude et la férocité des hommes.

À cette condition on gagnera l'estuaire – le grand large.

Depuis vingt ans, je paye au prix fort cette navigation : des heures sur le banc des assemblées, des parapheurs, notes, rapports par tombereaux entiers, plus de six cents Conseils des ministres, des négociations interminables dans les salles neutres du Conseil à Bruxelles, la morosité des gares et des aéroports et, plus pesant que tout, l'absence. Que penseront plus tard mes quatre enfants de mon absence ?

En réalité, la vraie grandeur de la vie politique se trouve dans cette monotonie ; elle rend aux états des puissants une humilité nécessaire ; elle éprouve un engagement.

Car la saturation des heures de pouvoir cache une vérité au goût amer : elles sont souvent creuses. Quel moine prie toujours avec l'oreille de Dieu ? Quel responsable politique ne parle jamais dans le vide ? Rien de grand ne se construit sans ce travail de moine copiste laïc, penché non pas sur les enluminures de la Bible mais sur ses dossiers, qui arrive à heures fixes dans son ministère, organise sa semaine suivant les obligations des institutions, qui sont son Église, sort à la rencontre de ses électeurs et ne rompt avec ses vœux de réclusion qu'en se déplaçant à l'étranger.

Cette discipline me convient ; elle me nourrit ; elle me guérit de toute lassitude. J'ai toujours apprécié l'ordre dans ma vie, comme une résistance au désordre du monde.

Je ne me pose donc aucune question sur ma vocation : je poursuivrai le combat politique, comme je continuerai à écrire, alternant l'action et la méditation, dans une respiration qui me donne autant de liberté que de bonheur. Si je regarde un instant en arrière, je vois qu'en moi l'écrivain précède le politique.

Je poursuivrai le combat avec cette détermination farouche à révéler à la France son talent immense, qui lui permettra de retrouver un espoir.

Il n'est pas question de durer pour durer, mais d'accélérer au contraire les changements nécessaires, sans rien renier des permanences qui font notre nation : notre langue, notre culture, nos espaces si soigneusement travaillés, notre esprit universel, notre aversion pour toute forme de communautarisme, notre goût pour l'ordre, le panache et la grandeur.

Au moment où le président de la République vient de me confirmer une nouvelle fois dans mes fonctions de ministre de l'Économie et des Finances, je veux continuer à servir avec un enthousiasme intact. Un jeune Premier ministre de 34 ans prend la barre : avec son énergie et son talent, il redonne un élan sans lequel la vie politique devient si rapidement fastidieuse.

Où en est notre vie politique ?

À ce moment précis de notre vie politique, où le temps semble comme suspendu, tout est possible : le pire comme le meilleur ; un échec amer comme un succès éclatant ; l'effondrement du projet de dépassement comme la refondation pour une génération des grands équilibres politiques de la France.

Qui l'emportera, du ressassement de colères qui secoue notre vie nationale ou de la stabilité ?

Des partis que les électeurs ont passés par pertes et profits veulent à tout prix rétablir la vieille division de la droite et de la gauche qui a fait leurs heures de gloire. Jusque dans notre majorité, certains élus se remettent à se positionner suivant cet ancien alphabet politique. Comment ne comprennent-ils pas qu'ils creusent leur tombe ? On n'avance pas dans un monde à découvrir avec les cartes du monde connu. Le dépassement est notre matrice originelle : il est essentiel de la préserver. Nous pourrions lui donner un autre nom, le rassemblement de toutes les bonnes volontés qui refusent de se laisser embrigader sous des bannières idéologiques, mais qui leur préfèrent le seul jugement du savoir, la seule règle du respect.

Il est l'heure exacte de la décision : avancer ou subir ; transformer encore et toujours notre modèle économique et social ou repousser les choix difficiles ; affirmer la France ou la gérer.

Collectivement, depuis sept ans, nous avons fait le mieux possible, avec ce qui nous était donné de pouvoir.

Avec le président de la République, nous avons pris les décisions qui s'imposaient sur le marché du travail, sur les retraites, sur la fiscalité, sur la simplification de la vie des entreprises, sur la baisse des impôts de production et des impôts tout court ; nous avons attiré les investisseurs ; nous avons changé le logiciel de pensée économique de la Commission européenne en défendant la souveraineté européenne ; nous avons affirmé nos intérêts financiers et moraux face aux géants du numérique ; nous avons relancé le programme nucléaire tout en accélérant le déploiement des énergies renouvelables. Ces décisions difficiles, nous les avons prises le plus souvent seuls, avec la majorité, sans le soutien de forces politiques qui ont préféré le reniement au courage.

Pourtant les extrêmes en France comme en Europe sont plus que jamais aux portes du pouvoir, quand ils ne les ont pas franchies. Ils poursuivent degré par degré leur ascension, portés par les vents mauvais de la colère et de la facilité.

Pourquoi ?

Parce que nous avons fait beaucoup, mais pas suffisamment encore pour faire basculer la France du bon côté : celui des puissances prospères qui réussissent au XXIe siècle et écrivent leur destin, au lieu de le subir ; celui des peuples qui ont foi dans leur avenir et celui de leurs enfants.

Les extrêmes, eux, de gauche comme de droite, n'ont jamais exercé le pouvoir en France : c'est leur atout maître. Ils ont le prestige de la nouveauté ; ils ont encore le bénéfice du doute ; nous portons le poids de nos erreurs, qui vont nécessairement avec la pratique du pouvoir. Les résultats les plus solides ne sont jamais une garantie contre les aventures.

La réponse à cette progression des colères ne se trouve pas dans la dénonciation morale des partis qui les alimentent ; elle ne pourra se contenter d'un procès en incompétence, si inconsistantes et incohérentes que soient leurs positions, qui varient au gré des circonstances : euro ou pas euro, Europe ou non, vaccin ou hydroxychloroquine, Poutine ou Ukraine, retraite à 60 ans ou retraite à 62 ans, danger du nucléaire ou relance du programme pour les uns, défense du droit des femmes et hommage à un parlementaire qui le bafoue, soutien aux ouvriers et suppression de la défiscalisation de leurs heures supplémentaires, appel au respect et excommunications en série pour les autres. On reste effaré devant tant de contradictions ; elles sont les cymbales de notre chaos politique.

Tous les extrêmes prospèrent sur l'idée que *nous*, les démocrates, nous avons peur, et que *eux*, les nationalistes, n'ont pas peur ; que *nous* courbons l'échine devant des pouvoirs supérieurs – Commission européenne, marchés financiers, Cour européenne des droits de l'homme –, tandis que *eux* contestent ces pouvoirs ; que *nous* hésitons à décider, quand *eux* au pouvoir ne reculeraient devant aucune décision ; que *nous* complexifions les choses, quand *eux* les simplifient ; que *nous* sommes les élites et que *eux* sont le peuple.

Il est désormais vital de briser cette polarisation croissante entre *eux* et *nous* ; nous ne la briserons plus par des anathèmes ; nous la briserons par des décisions claires, rapides, justes et efficaces.

Ce livre en propose certaines, dans le champ de compétences qui est le mien : terminer le travail, accélérer encore, voilà le seul programme qui vaille. Et tourner le regard vers les angles morts de nos politiques publiques.

Un échec électoral en 2027 signerait la défaite collective de notre majorité et de nos convictions politiques. Il serait un coup de tonnerre, ici comme ailleurs.

Peu importe par conséquent qui gagnera en 2027, pourvu que le dépassement politique écarte la menace des extrêmes. Reclus en Irlande en 1969, de Gaulle avait accueilli avec un immense soulagement l'élection de Georges Pompidou à la présidence de la République. À l'annonce des résultats, il aurait subitement rajeuni, selon les mots de son aide de camp. Aimait-il Pompidou ? Il aimait la France, il voulait le meilleur pour elle.

Où en est le projet européen ?

À force d'être un projet, l'Union européenne risque de ne jamais devenir une réalité politique. On ne peut pas se projeter sans cesse dans l'avenir, à un moment, surtout à un moment historique, il faut juste répondre présent.

Irrelevant – c'est le mot que les Anglo-Saxons emploient pour désigner une idée hors sujet ; on pourrait dire aussi : une idée qui n'a pas le poids suffisant pour s'imposer.

C'est le risque majeur que court l'Europe dans ce début de XXIᵉ siècle : devenir *irrelevant* face à la Chine, à l'Inde, aux États-Unis ou aux puissances autoritaires qui nous entourent.

Où que nous tournions nos regards, les signes de l'affaiblissement européen se multiplient : une croissance en berne, un manque de productivité criant, une insuffisance militaire que le parapluie américain ne masquera pas éternellement, des marchés financiers trop fragmentés, une industrie qui marque le pas, moins d'innovation, moins d'audace.

La solution à cet affaiblissement a été avancée par le président de la République dès 2017, dans son discours de la Sorbonne : la souveraineté européenne. Elle a été déclinée ensuite par ses ministres dans toutes les instances européennes, avec des résultats majeurs à la clé : la dette commune, la taxation minimale, la relance après la crise du covid, les aides publiques aux projets industriels – pour ne citer que les réalisations économiques et financières.

Jamais l'Allemagne d'Angela Merkel puis d'Olaf Scholz n'a répondu à ce discours ; c'est une occasion manquée, car nous avons besoin de l'Allemagne, comme elle a besoin de la France, pour nous accorder sur l'avenir stratégique de l'Union : quel modèle économique ? quelle ambition climatique ? quelle politique commerciale, avec la Chine notamment ?

L'intuition de 2017 reste juste : l'Europe doit affirmer sa souveraineté sans tarder ou, pour le dire autrement, sa puissance.

Elle a eu le courage de faire front uni face à la guerre en Ukraine ; elle a su diversifier rapidement ses sources d'approvisionnement en gaz et en pétrole ; elle a investi dans le numérique ; elle dispose encore des meilleurs chercheurs, des scientifiques les plus reconnus ; elle a un capital humain exceptionnel.

Mais nous sommes désormais à la croisée des chemins.

Soit la puissance par les technologies de rupture, par la production agricole et industrielle, par des financements de marché et pas uniquement bancaires, la puissance par l'innovation plutôt que par la régulation, par la capacité à dire non aux pratiques commerciales de la Chine et à réagir fermement aux subventions américaines massives à son industrie, soit l'insignifiance.

Le continent européen doit devenir *relevant*, partout et pour tous – et d'abord pour ses citoyens, dont il doit assurer la protection et la prospérité.

C'est l'enjeu des prochaines élections européennes : garantir la protection et la prospérité des 450 millions d'hommes et de femmes qui ont uni leur destin par des règles communes et par un idéal de paix.

Où en est le monde occidental ?

Élargissons notre regard, sans quoi nous ne prendrons pas la juste mesure de ce qui nous arrive.

Ce qui vient en France se produit dans la plupart des nations occidentales.

Certaines ont déjà brutalement basculé dans l'inconnu : le Royaume-Uni, avec le Brexit, a largué les amarres européennes, pour le pire ; les États-Unis ont élu Donald Trump, l'Italie Giorgia Meloni ; en Allemagne, le parti confidentiel de l'AfD est devenu une force majeure ; même constat pour le parti Vox en Espagne ; aux Pays-Bas, le souverainiste Geert Wilders a créé la surprise en remportant les élections législatives à l'automne 2023 ; en Autriche, le FPÖ a déjà participé à plusieurs gouvernements de coalition.

En stage à l'ambassade de France à Vienne, en juillet 1996, j'avais rencontré son chef, Jörg Haider, dans un café de la place Schwarzenberg. C'était un de ces jours brûlants en Europe centrale, où la ville étouffe. En buvant un café, Jörg Haider m'avait glissé dans un éclat de rire : « Vous avez tort de ne pas nous prendre au sérieux, nous sommes en réalité la seule alternative au pouvoir en place. » Qu'un avocat des réalisations de Hitler puisse un jour accéder aux responsabilités m'avait semblé une incongruité, pour ne pas dire une impossibilité métaphysique. Hélas, aucune impossibilité métaphysique ne dirige la vie des nations. Ce sont des réalités crues qui mènent la danse. Le FPÖ gouvernerait. Seule une mort brutale aura empêché le leader charismatique du FPÖ d'assister en culotte de peau, de ses montagnes de Carinthie, au triomphe de ses idées.

« *What went wrong ?* » s'est demandé Barack Obama après le succès de son adversaire Donald Trump.

À chaque fois, nous feignons la surprise. Nous, les partis dits de gouvernement, nous manquons d'imagination. Nous envisageons le pire, sans trop y croire.

« Qu'est-ce qui n'a pas marché ? »

Comment en sommes-nous arrivés à cette polarisation de notre vie publique, à ces poussées de fièvre dans toutes les nations occidentales, à la remise en cause des principes démocratiques les plus fondamentaux, à la fragilisation des démocraties et au regain des régimes autoritaires ?

Ce ne sont pas nos intentions qui sont en cause, la plupart du temps elles sont honnêtes et justes. Barack Obama, Jacques Chirac, Nicolas Sarkozy, Mario Draghi, Angela Merkel ou Emmanuel Macron appartiennent sans conteste à la catégorie des leaders décents, dont ni la morale, ni les valeurs, ni l'engagement ne sauraient être remis en cause. Mais qui aura réussi à inverser la tendance des nations au repli ? Une lame de fond submerge des millions de citoyens et leurs dirigeants. Comme toute lame de fond, elle aura été provoquée par la rencontre de forces contraires : une aspiration à la sécurité, contredite par la violence du monde ; un désir de prospérité, qui s'est fracassé aux États-Unis sur la montée des inégalités, en Europe sur la baisse de la productivité et le ralentissement de la croissance ; un besoin de permanence, bousculé par une accélération des changements technologiques et le brouillage des lignes culturelles.

Cette lame a pris d'autant plus d'ampleur que la plupart des responsables politiques des partis de gouvernement, pour ne pas dire tous, se sont trompés dans leur diagnostic. Ils ont cru, en tout ou partie, à des illusions.

La plus funeste de nos erreurs collectives remonte à 1989.

En 1989, avec la chute du mur de Berlin, toutes les nations occidentales ont cru à leur victoire. En réalité, elles auraient dû acter la défaite du communisme, plutôt que de croire à la domination sans partage des valeurs démocratiques. Qui ne se serait pas réjoui ? Qui n'aurait pas célébré la fin du totalitarisme soviétique ? Soljenitsyne triomphait sur Lénine, la liberté sur la terreur. Suprême habileté, Vladimir Poutine feignit de croire à cette fable. Le 31 décembre 1999, il osait proclamer, autant par défi que par ruse : l'histoire a prouvé que toutes les dictatures, toutes les formes autoritaires de gouvernement, sont éphémères. Seuls durent les systèmes démocratiques.

Nous avons cru le nouveau tsar sur parole. Nous aurions dû nous en tenir aux faits. Ils sont têtus.

Les faits montraient, en Irak et ailleurs, que la démocratie occidentale ne pouvait pas être imposée par la force ; au risque sinon de nourrir un ressentiment populaire qui alimenterait le djihad. Les faits montraient que la Russie et ses dirigeants n'avaient jamais accepté leur défaite, que par conséquent ils continueraient de refuser toute contrition sur les crimes passés. Comment un peuple peut-il évoluer quand aucun de ses membres ne lui montre son histoire en face ? Les faits montraient que le Parti communiste chinois, loin de céder à une libéralisation économique croissante, qui aurait entraîné à terme sa perte, serrerait la vis de plus en plus fort, restreignait les libertés, reprenait un contrôle total sur la société, avec l'aide de nos propres technologies. Les faits montraient que l'Iran n'avait aucunement renoncé à ses ambitions nucléaires militaires. En 2003, quand nous nous étions rendus à Téhéran avec Dominique de Villepin, Jack Straw, ministre des Affaires étrangères britannique et Joschka Fischer, ministre des Affaires étrangères allemand, nous avions cru de bonne foi que le projet d'accord sur le nucléaire iranien, qui donnerait lieu plus tard à la signature à Vienne du JCPOA [1], pourrait stopper net les ambitions militaires des mollahs. Le JCPOA aura été aussi impuissant que la SDN en son temps. Les faits montraient que l'Afghanistan ne pouvait

---

1. Le *Joint Comprehensive Plan of Action*, signé à Vienne le 14 juillet 2015 entre huit parties, dont la France, a pour but de contrôler le programme nucléaire iranien et de lever progressivement les sanctions économiques sur Téhéran.

pas plus être soumis par les armées occidentales que par les troupes soviétiques : nous étions partis la fleur au fusil dans la vallée du Panchir, deux décennies plus tard nous avons cédé le pouvoir à Kaboul.

Mêmes causes, mêmes effets.

Nous avons péché par orgueil. Nous nous sommes convaincus que la démocratie était éternelle, autant que le capitalisme. Nous avons pensé que nous pouvions nous abstenir de réagir pour nous défendre. Nous avons eu tort.

Vingt ans après, toutes ces illusions ont volé en éclats : la Chine domine en partie le monde, les talibans exercent une domination sans partage sur la population afghane, il manque quelques mois au régime iranien pour avoir accès à une capacité nucléaire militaire, le terrorisme prospère et, de menace extérieure, il est devenu une menace intérieure, les régimes autoritaires ont gagné du crédit, bientôt la démocratie pourrait passer de mode – trop complexe, trop hasardeuse. On ne gouverne pas un peuple en lui donnant la parole. Le président Xi Jinping le répète à qui veut bien l'entendre : les peuples ont besoin de sécurité matérielle et sécuritaire. La liberté est un luxe dont ils se passent très bien.

Vingt ans après, la guerre est de retour en Europe. En Ukraine, la Russie doit être défaite pour que le projet européen survive.

Vingt ans après, la question palestinienne, oubliée de tous, fait un retour fracassant sur la scène internationale par le biais du pire pogrom contre les Juifs depuis la Shoah. Le rapprochement économique engagé par les accords d'Abraham entre Israël et l'Arabie saoudite, entre l'État juif et le plus grand État sunnite de la région, s'est fracassé sur la détermination politique des Chiites – Iran, Hezbollah ou Houthis du Yémen – à rester dans le jeu régional. Tout doit être fait pour éviter que le 7 octobre 2023 ne soit un 28 juin 1914 oriental : le début du pire.

En définitive, aidés par une propagande technologique puissante, les adversaires du monde occidental imposent de plus en plus leur *récit. Nous* sommes la décadence, *eux* incarnent l'avenir. Ce récit est une fiction. Qui le mesure ? « L'encre de la fiction politique, dit l'historien Timothy Snyder, c'est le sang [1] » ; l'encre de notre récit occidental ne peut être que la liberté.

La guerre en Ukraine aura montré que le récit autoritaire tenait la route, au point de séduire parmi nos alliés les plus proches, dans le Golfe ou en Afrique. En marge de la COP 28, Mohammed Ben Zayed, président des Émirats arabes unis,

---

1. Timothy Snyder, *La Route pour la servitude*, Gallimard, 2023.

notre soutien le plus lucide, le plus avisé dans la région du Golfe, a accueilli en grande pompe un Vladimir Poutine que nous sommes les seuls – à juste titre – à mettre encore au ban d'une communauté internationale qui n'a plus de communauté que le nom ; la logique transactionnelle l'emporte sur toute autre considération.

Par quel retournement de l'histoire l'Occident triomphant de 1989 se retrouve-t-il ainsi mis au banc des accusés ? Comment de vainqueur est-il devenu l'accusé principal ?

Où aller ?

Nous nous trouvons donc à ce moment très singulier de la vie mondiale où un monde ancien refuse de mourir, tandis que le nouveau peine à émerger. Il faut nous attendre à des conflits violents, rassembler nos forces européennes, garder une distance raisonnable avec nos alliés américains qui se battent à titre principal pour leur hégémonie, imposer un nouveau *récit*.

L'Europe a une responsabilité particulière à cet égard. Le continent qui a donné naissance à la première mondialisation, avec son cortège de succès économiques et de désastres environnementaux et techniques, qui a perdu la main dans la

39

deuxième mondialisation, celle des technologies numériques, doit reprendre sa place dans l'ordre du monde en définissant une troisième mondialisation, plus juste, plus respectueuse des autres nations, plus équitable socialement, plus protectrice de notre planète. Car celle qui se dessine pour le moment prend une direction toute différente : une mondialisation politique qui ne respecte que la force, écrase les faibles ou les manipule, défend des intérêts économiques dans une logique purement transactionnelle, ignore le droit.

Nous avons imposé des sanctions économiques à la Russie : elles ont apporté la preuve de la détermination européenne et américaine à faire bloc, mais elles sont encore loin d'avoir atteint tous leurs objectifs. Pourquoi ? Parce qu'elles sont largement contournées par des puissances qui considèrent qu'acheter du pétrole russe à bas prix ne soulève aucun problème de principe et sert leurs intérêts commerciaux. Et pourquoi se priver d'affaiblir ses concurrents ?

Nous, Européens, ne parviendrons donc à nos fins qu'en faisant preuve de cette détermination totale qui nous a si souvent fait défaut. Les politiques d'apaisement ne nous ont apporté par le passé que la honte et le malheur : ne cédons pas à leurs sirènes. Toutes les nations européennes doivent à la fois abandonner leur prétention à l'empire, donc à la domination d'une nation sur une autre, et se doter dans le même mouvement de la volonté politique d'écrire leur histoire commune. Nous ne pouvons pas être seulement un marché unique. Les citoyens européens aspirent à bien davantage qu'à être une foire de consommateurs, ou de marchands. L'Union européenne, ce n'est pas la Ligue hanséatique en grand.

Le plus grand motif d'espoir dans un monde qui se réorganise suivant des intérêts et des valeurs qui ne sont pas les nôtres, c'est l'Europe ; ce sont les succès de notre intégration économique, la puissance de notre union financière, la force de notre liberté.

Le plus grand motif d'espoir pour notre nation, c'est la France : elle a tous les ressorts en elle pour éviter le déclassement, sortir de l'éclipse que lui ont valu les mauvais choix économiques de 1981, un aveuglement sur la question de l'autorité, le renoncement à sa culture.

Le primat de la raison sur la colère, de la science sur la théorie du complot, de l'esprit de conquête sur la victimisation, de la compassion sur l'indifférence est la voie à suivre ; la clarté, la seule méthode ; la fermeté, la boussole.

Aucun responsable politique ne choisit le moment de son engagement ; mais chacun a le devoir de comprendre le moment où il se trouve.

Le nôtre est un moment d'épreuve comme la France n'en a sans doute pas connu depuis la Seconde Guerre mondiale.

Tâchons collectivement d'être à la hauteur.

I

Travailler plus et vivre mieux

Pour une France prospère

Des illusions funestes

Les chiffres sont connus : depuis 2017, la France a créé 2 millions d'emplois, le taux de chômage a baissé à 7,4 %, le taux d'emploi est au plus haut depuis 1974. Les créations d'entreprises connaissent un rebond spectaculaire. Surtout, pour la première fois depuis trois décennies, des emplois ont été créés dans le secteur industriel, plus de 100 000 au total.

Le spectre du chômage de masse, qui hantait tous les Français, créait de l'inquiétude dans les familles, réduisait les options des jeunes et revenait en boucle dans les discours des responsables politiques des années 1980 et 1990, est derrière nous.

Pour obtenir ces résultats, il a fallu au président de la République et à sa majorité le courage de prendre des décisions impopulaires en matière de droit du travail, de fiscalité ou d'indemnisation du chômage ; il a fallu repenser nos dispositifs de formation, alléger les charges sur les salaires, en supprimer certaines, valoriser les heures supplémentaires ; il a fallu engager une baisse des impôts de production qui pesaient – et pèsent encore trop – sur la compétitivité de notre industrie : comment demander à nos industriels de réussir dans la compétition économique mondiale avec une fiscalité plus lourde que celle de nos voisins allemands ou italiens ?

Mais la clé aura été la double rupture avec les illusions funestes de 1981 sur la retraite à 60 ans et des années 2000 sur les 35 heures.

Aucune décision de politique économique, aucune erreur d'appréciation, pourtant défendue bec et ongles par les meilleurs esprits socialistes, n'aura fait autant de tort à notre prospérité nationale que la lumineuse idée du partage du travail.

Le mot « partage » est un sésame : prononcez-le, tout devient possible. Qui ne voudrait pas partager son travail ? Qui ne souscrirait pas à cette merveilleuse perspective de *chacun* travailler moins pour que *tous* travaillent davantage ? Et tous de reprendre en chœur les arguments sur la place faite aux jeunes par les vieux, la réorganisation des services publics, les gains de productivité qui effaceraient sans peine la réduction du temps de travail, les centaines de milliers d'emplois qui tomberaient du ciel comme une manne bienfaisante.

Certains économistes émirent des doutes, on les ramena vite à la raison ; la révolution sans les barricades, une conquête sociale sans coup férir, cela valait bien quelques approximations.

Bilan vingt ans après : avec 1 601 heures travaillées en moyenne par an, la France se trouve en dessous du niveau des pays de l'OCDE, à 1 716 heures ; sa productivité, qui devait compenser le manque à gagner des heures de travail en moins, a chuté ; le passage à la retraite à 60 ans en 1981, quoique modifié à plusieurs reprises depuis, aura contribué également au déclassement relatif de la France. Depuis quarante ans, nous ne nous appauvrissons pas, mais nous nous enrichissons moins vite que nos partenaires économiques, États-Unis et Allemagne en tête, pour ne rien dire du rattrapage stupéfiant des nations asiatiques.

La croissance de notre richesse individuelle aurait pu accélérer ; elle a ralenti en comparaison des autres grandes économies.

Comment mieux expliquer cette conviction en France, qui s'est répandue comme une traînée de poudre, en particulier parmi les catégories populaires et les classes moyennes qui travaillent, que l'avenir est bouché ? que nos enfants vivront moins bien que nous ?

Tous les coups d'arrêt qui ont été donnés depuis quinze ans ont bien entendu changé la donne. Le déclassement n'est pas une fatalité.

Mais remonter la pente supposera d'arracher à la racine un certain nombre d'illusions économiques qui embrument encore notre débat national : non, le partage du travail ne crée pas du travail pour chacun, il détruit de l'activité pour tous ; non, l'industrie 4.0 ne peut pas se passer d'usines ; non, l'industrie de demain ne se construira pas sur les ruines de l'industrie d'hier ; non, la retraite anticipée ne donnera pas plus de travail pour les jeunes ; non, notre productivité n'a pas augmenté depuis des années et elle ne nous dispense pas de travailler tous collectivement davantage.

Toute bataille économique est aussi une bataille idéologique ; il suffit de savoir quelle nation nous voulons être, quelle vie nous voulons avoir, pour nous et pour nos enfants ; je veux le meilleur pour les miens, et pour cela je ne pense pas un instant que le travail, modifié par des aspirations légitimes à une organisation nouvelle et à une meilleure rémunération, soit une valeur dépassée.

Le travail est le remède.

Vers le plein emploi

Depuis un demi-siècle, la France n'a pas connu le plein emploi.

Certains politiques se sont résignés, comme François Mitterrand : « Dans la lutte contre le chômage, on a tout essayé [1] » ; d'autres, dont je fais partie, se sont cassé les dents sur les résistances compréhensibles de la société française : les dispositifs dérogatoires que nous avions voulu mettre en place avec Dominique de Villepin en 2005, pour les uns ont été supprimés quelques années plus tard, comme le contrat nouvelles embauches en 2008, pour les autres n'ont jamais vu le jour, comme le contrat première embauche. Jacques Chirac, ancien négociateur des accords de Grenelle, ancien secrétaire d'État chargé des Problèmes de l'emploi du gouvernement Pompidou, ancien Premier ministre, nous avait avertis un soir de décembre 2005, juste avant que nous mettions en place ce dernier dispositif : « Du haut de mon incompétence, et Dieu sait qu'elle est grande en la matière, ce truc ne marchera pas. » Il avait souri ; la suite lui donnerait raison : six mois plus tard, des manifestations monstres scellaient le sort du CPE – et la victoire de Nicolas Sarkozy.

Maladroites ou non, ces tentatives avaient un mérite : refuser la fatalité du chômage de masse.

---

1. Paroles prononcées dans une interview donnée le 25 octobre 1993 dans l'émission *L'Heure de vérité* sur Antenne 2.

Emmanuel Macron aura choisi une voie tout aussi courageuse, mais plus méthodique, par conséquent plus efficace : lever un à un les obstacles qui empêchent depuis des décennies notre société de parvenir à 5 % de taux de chômage. La réforme du marché du travail, les ordonnances Pénicaud, la réforme de la formation professionnelle et du lycée professionnel, la réforme des retraites, la mise en place de France Travail pour accompagner les personnes les plus éloignées de l'emploi, toutes ces décisions mises bout à bout ouvrent la voie vers le plein emploi. Elles sont aussi la seule réponse durable à la question lancinante du pouvoir d'achat, première préoccupation de nos compatriotes.

Sommes-nous au bout de nos efforts ?

Non.

Il reste encore du chemin à parcourir pour atteindre notre objectif, qui figure au rang des priorités de la campagne de 2022. Ces derniers mètres, il est impératif de les parcourir – pour le bien commun, mais aussi pour tenir les engagements sur lesquels nous serons tous collectivement jugés en 2027.

Alors ne laissons planer aucune ambiguïté : nous ne parviendrons pas à 5 % de taux de chômage à modèle social constant. Nous avons en France un plancher en matière de chômage : il est autour de

7 %. Quand la situation économique se dégrade, nous dépassons les 10 % de taux de chômage ; quand elle s'améliore, nous descendons à 7 %, pas moins. Depuis quarante ans, jamais nous ne sommes descendus en dessous de ce seuil, contrairement à toutes les autres grandes nations développées. Pourquoi ? Certainement parce que nos dispositifs de formation ne sont pas encore adaptés, que la mobilité géographique en France est faible, que les liens entre école et monde du travail sont encore trop ténus ; mais aussi parce que notre modèle social, un des plus généreux au monde, couplé à une fiscalité désavantageuse pour ceux qui reprennent une activité, n'incite tout simplement pas à reprendre un travail. Je me rappelle la remarque d'une femme seule, qui élevait ses deux enfants dans une tour du quartier de La Madeleine, à Évreux : « J'aimerais bien travailler, mais cela me coûterait trop cher. »

Au-delà des décisions qui ont été prises résolument depuis près de deux ans par l'ancien ministre du Travail, Olivier Dussopt, il est donc temps d'ouvrir trois débats dans les mois qui viennent – et de trancher.

1. Le premier est celui de l'emploi des plus de 55 ans, que par un préjugé profondément ancré et détestable nous appelons les seniors. Qui se sent senior à 55 ans ? Comment mieux dire que nous

considérons que leur place est à la retraite, et pas dans l'activité ?

Tout renoncement politique commence dans le vocabulaire : on nomme mal, pour décider faux.

Le taux d'emploi des plus de 55 ans en France est parmi les plus faibles de tous les pays développés. Nous sommes acquis à cette idée fausse, datée et révoltante que passés un certain âge, les salariés devraient laisser leur place aux plus jeunes – encore un avatar du fameux partage du travail. N'importe quel chômeur de 56 ou 57 ans pourra témoigner de la difficulté, après un licenciement, à reprendre une activité : trop cher, trop lent, pas suffisamment agile, il est condamné à attendre la retraite, dans des conditions financières avantageuses en apparence, difficiles en réalité.

Et voilà comment la France se prive de compétences précieuses, d'une expérience irremplaçable, de la possibilité de tutorats pour les jeunes qui démarrent dans la vie active.

J'ai proposé de rompre avec cette fatalité ; j'ai défendu l'idée d'aligner la durée d'indemnisation des chômeurs de plus de 55 ans sur le droit commun, soit 18 mois, tout simplement parce que les données à notre disposition montrent que passé un certain âge, plus on attend, plus les chances de retrouver un emploi se réduisent ; j'ai avancé l'idée d'un contrat à 80 % du temps de travail, rémunéré à hauteur de 90 %, ouvrant à des droits à la retraite à 100 % – en amorçant la réflexion sur le financement de ce dispositif coûteux mais juste, j'ai proposé que nous mettions les entreprises face à leurs responsabilités, par tout moyen à définir avec les partenaires sociaux.

En bref, j'ai suggéré de fermer la « filière seniors », qui est une mise à la retraite déguisée, pour la remplacer par un objectif de valorisation du travail des plus de 55 ans. Je me méfie de tout ce qui trie, classe, oriente de gré ou de force des parties de la population en fonction de leur âge, alors que les situations peuvent être si différentes, comme les espoirs ou les besoins. La « filière seniors » fait partie de ce vocabulaire acquis des négociations sociales, dont le présupposé est moins la valeur des personnes que leur coût, par conséquent la finalité moins le travail que la mise à la retraite anticipée. Est-il si difficile dans une société moderne de prendre chaque parcours professionnel de manière individuelle et de laisser la liberté de choix ? De considérer que les attentes d'un couvreur, d'une aide-soignante, d'un chauffagiste ou d'un soudeur de 57 ans ne seront pas les mêmes que celles d'un cadre, d'une secrétaire de direction ou d'un employé ?

Réponse par tweet : « Le Rassemblement national refuse cette nouvelle casse sociale. »

La « casse sociale », dernier argument de ceux qui défendent le statu quo, moins par conviction que par calcul politique. Le même raisonnement a conduit tous les partis d'opposition à voter contre la réforme des retraites.

Je persiste et je signe : en maintenant en l'état la « filière seniors », nous ne parviendrons jamais à augmenter le taux d'emploi de personnes que leur âge condamne à l'inactivité. Comment accepter cette assignation à la retraite de centaines de milliers de travailleurs dont la compétence est un atout pour notre économie ?

La balle est désormais dans le camp des partenaires sociaux ; soit ils s'entendent sur des mesures fortes, soit le gouvernement devra reprendre la main. Au-delà, la question se pose du maintien ou non de la gestion de l'assurance chômage par les partenaires sociaux. D'autres responsabilités peuvent leur être confiées, qui ont trait directement au monde du travail, à la gestion des entreprises, à la rémunération des salariés. Mais pourquoi la définition de la politique d'assurance chômage leur serait-elle déléguée ? Le compromis de 1945 s'est établi sur la base d'une répartition des tâches entre syndicats de salariés et patronat : aux uns le travail et l'emploi, aux autres la conduite des entreprises. Ce compromis ne tient plus, ou du moins il n'est plus adapté aux besoins des salariés et de notre temps. Comment accepter de déléguer plus longtemps aux partenaires sociaux une politique qui pèse directement sur nos finances publiques ?

Quand en 2019 Laurent Berger, alors secrétaire général de la CFDT, venait discuter avec moi du projet de loi de la majorité sur les PME, il insistait sur la plus grande participation des salariés à la gestion des entreprises. Ce modèle rhénan n'est pas dans la tradition française. Je suis pourtant convaincu que la meilleure association des salariés aux résultats, notamment par les dispositifs de participation et d'actionnariat salarié, comme à la gestion ou aux grandes orientations de leur entreprise, est le chemin à suivre pour bâtir un nouveau compromis social.

2. Deuxième débat : l'entrée des jeunes sur le marché du travail.

Leur situation a été considérablement améliorée par la réforme de l'apprentissage. Désormais, l'apprentissage, de voie de garage, est enfin devenu une voie d'excellence pour accéder à un premier emploi. Près d'un million de jeunes en bénéficient. La réforme du lycée professionnel, qui fera enfin la transparence sur le taux d'emploi filière par filière, contribuera aussi à mettre fin à cette exception française du chômage des jeunes.

Allons plus loin : acceptons que les entreprises soient représentées dans les conseils d'administration des lycées professionnels ; faisons tomber les

murs entre le monde éducatif et le monde professionnel ; multiplions, comme l'avait proposé Gabriel
Attal, alors ministre de l'Éducation nationale, les
stages de découverte dès le collège ; abondons le
compte professionnel de formation pour tous les
jeunes qui acceptent de se former aux métiers en
tension, réservoir de centaines de milliers d'emplois
que certains, par facilité, voudraient pourvoir par
l'immigration.

3. Troisième débat, le plus sensible : le salaire
minimum.

Aucune société développée ne peut se passer
d'un salaire minimum : il est une garantie de
dignité.

Mais aucune société non plus ne devrait se satis-
faire que le salaire minimum devienne la norme
pour un nombre croissant de travailleurs ; c'est
pourtant bien ce qui se passe en France, où la
double indexation du SMIC sur l'inflation et sur
la moyenne de l'augmentation des salaires en fait
désormais non plus un minimum légal, mais un
plafond de verre.

17 % des salariés désormais sont rémunérés au
niveau du SMIC, contre 12 % quelques années
plus tôt.

Pourquoi ? Parce que les augmentations méca-
niques du SMIC liées à notre système d'indexation
conduisent à découpler les hausses de salaire et les

gains de productivité. Autrement dit : le travail produit moins et le salarié gagne plus. Ce résultat peut sembler attractif, en réalité il mine le corps social en obligeant les entreprises à freiner toute dynamique salariale et à rémunérer un plus grand nombre de salariés au SMIC. Le nivellement par le bas n'est pas un choix des patrons : il est une conséquence de nos choix sociaux. La France se « smicardise » : il est temps, pour reprendre l'expression du Premier ministre dans sa déclaration de politique générale, de la « désmicardiser » – autrement dit : de recréer de la dynamique salariale dans notre pays.

Comment ?

Sur le long terme, la seule issue est dans l'éducation.

Seul un relèvement du niveau moyen des élèves, notamment dans les matières scientifiques, nous permettra d'accroître le niveau de qualification et de retrouver de la productivité. Nous qui nous singularisions par un niveau élevé de productivité des salariés, nous avons perdu cet atout, emporté par la désindustrialisation, la disparition de 25 000 emplois industriels qualifiés par an entre 1997 et 2017 et la chute de notre système éducatif dans les classements internationaux. Les salaires augmenteront quand le niveau scolaire remontera. Mais comme cet objectif sans cesse rappelé par le président de la République mettra du temps à être mis en œuvre, nous devons réfléchir à des solutions plus immédiates.

La plus évidente est la révision du profil des allègements de charges, pour mettre fin à cette injustice qui veut que tout salarié rémunéré autour du salaire minimum, quand il est augmenté de 100 euros, perde 48 euros de prime d'activité et 12 euros d'impôt sur le revenu : 60 euros de perte de rémunération pour 100 euros d'augmentation, cela correspond à un taux d'imposition marginal de 60 %. Un rapport a été commandé, la majorité travaille sur ce sujet : allons au bout.

Une solution complémentaire pourrait être de laisser aux partenaires sociaux la responsabilité de négocier le montant du SMIC, sur la base non plus de l'inflation, mais de la moyenne des hausses de salaire dans un certain nombre de branches.

Une révolution ?

Oui, parce que cela redéfinit la notion de progrès autour de la rémunération du travail, de la reconnaissance des efforts, du mérite – et non plus autour de garanties minimales accordées à tous.

Oui, parce que cela donne des responsabilités nouvelles aux partenaires sociaux sur des sujets de préoccupation immédiates de nos concitoyens ; amenant par conséquent immédiatement le sujet de la représentation syndicale, de son développement de son ancrage et de sa légitimité.

Une révolution, oui, mais une révolution nécessaire pour redonner de la dynamique salariale dans une France qui estime, à juste titre, que le travail ne paye pas suffisamment. Le SMIC doit être un filet de sécurité, pas un objectif collectif ; il doit protéger contre les abus, il doit garantir une décence du travail, il ne doit pas tirer vers le bas toutes les autres rémunérations.

Certaines révolutions sociales sont nécessaires maintenant, pour éviter demain des révolutions politiques.

L'honneur du travail

Avant d'aller plus loin dans la réflexion sur notre modèle social et sur son financement, qui doivent être refondés, un bref détour pour tordre le cou à une idée à la mode – fausse, comme la plupart des idées à la mode : la grande démission.

Après le covid, les jeunes générations se détourneraient du travail ; elles aspireraient à la paresse ; la démission, plutôt que la soumission.

Rien n'est plus faux.

Rien n'est plus insultant, quand on voit le mal que se donnent la plupart des jeunes pour trouver un stage, un contrat d'apprentissage, un CDD ou un CDI. Comment prétendre que le renoncement aurait gagné une génération quand un apprenti peut faire 50 kilomètres par jour pour se rendre dans son usine, que des jeunes agriculteurs se battent pied à pied pour garder leur exploitation, que les créations d'entreprises de toute taille se multiplient depuis des années ?

On confond deux choses : le renoncement à l'effort et l'aspiration à une nouvelle organisation du travail. La première est une chimère, la seconde une exigence légitime, à laquelle nous devons répondre.

Non seulement parce que donner un sens à son emploi, mieux concilier sa vie personnelle et sa vie professionnelle, avoir des perspectives d'évolution dans son poste sont autant d'attentes compréhensibles et saines de la part d'un salarié ; mais aussi parce que ce tournant nous permettra de redéfinir notre modèle de production économique dans un sens plus favorable à la nation.

Le modèle prédominant depuis les années 1980 et 1990 reposait sur une stratégie erronée de « *middle cost* » industriel, consistant à produire un bien de qualité médiocre, avec le moins de personnel possible, au coût le plus bas possible. Ce modèle a tué notre industrie, détruit des compétences, tiré les salariés vers le bas. Il a provoqué cet enchaînement fatal que nous avons enrayé depuis sept ans :

des impôts de production toujours plus élevés pour compenser le manque de compétitivité des industries restantes, des délocalisations massives, un recours structurel à la sous-traitance hors de nos frontières, une intensification et une chosification des salariés restants, une éviction à bas bruit des salariés les plus âgés, trop chers.

Ce modèle, nous le combattons.

Nous lui en avons peu à peu substitué un autre : une baisse des impôts de production, une compétitivité retrouvée pour l'industrie, un investissement massif dans l'innovation, une reconnaissance des salariés par une meilleure formation et une meilleure rémunération – avec les primes défiscalisées, la prime d'activité, la défiscalisation des heures supplémentaires, le développement massif de l'intéressement, de la participation et de l'actionnariat salarié.

La dernière étape de la transformation de notre modèle économique doit reposer sur une affirmation simple : le travail n'est pas un coût, il est une valeur. Il est le premier atout d'une entreprise et il doit être reconnu comme tel. En finir avec le management vertical, avec la culture du petit chef aux récriminations incessantes, cesser de fixer des objectifs de performance hors de portée pour définir des objectifs raisonnables et sensés, mieux associer le salarié aux décisions stratégiques de son entreprise,

lui donner la possibilité de faire des recommandations sur l'amélioration de son poste de travail, de
sa chaîne de valeur, de son unité de production –
autant de choix qui redonneront de la considération
à chacun dans sa vie professionnelle.

En France, il existe un *honneur* du travail. Si les
artisans sont plébiscités par nos compatriotes, sans
doute est-ce parce que les artisans ont cet *honneur*
chevillé au corps : le travail bien fait, minutieux,
transmis de génération en génération mais sans
cesse renouvelé, traditionnel et innovant, qui valorise son produit autant que son producteur.

Des artisans dans l'âme, on en trouve partout :
dans les usines, dans les hôpitaux, dans les salles de
classe et dans les start-up, dans les administrations
comme dans les entreprises privées, chez EDF ou
dans la grande distribution, dans le quartier de la
Défense comme dans les cabinets médicaux des
communes rurales.

Tous animés par la volonté de bien faire.

Comment financer notre modèle social ?

Après ce détour, revenons à la question clé :
comment financer notre modèle social, dans une
France qui a profondément changé ?

Question douloureuse, mais question nécessaire si nous ne voulons pas subir ; faute de choix clairs, notre État sera condamné soit à un endettement chronique, soit à ne plus être qu'un guichet de prestations sociales, au détriment de ses fonctions régaliennes – car la pente la plus forte est à la hausse irréversible des dépenses sociales, en particulier de santé, en réponse au vieillissement de la population et aux attentes collectives.

Ce sont les deux versants du même problème : l'augmentation du volume de travail en France et sa meilleure rémunération.

Autrement dit, il ne pourra y avoir d'augmentation durable du volume de travail en France que si le travail est mieux rémunéré. Des mesures fortes ont été prises par la majorité dans ce domaine, comme la bascule des cotisations sociales sur la CSG, les primes défiscalisées ou la défiscalisation des heures supplémentaires. Leur succès se mesure à leur volume. Il se mesure aussi au montant moyen versé à plus de 5 millions de salariés : 542 euros en 2022.

Mais nous sommes arrivés au bout de ces assouplissements, qui soulèvent par ailleurs des questions légitimes sur les droits associés : un salarié qui touche une prime ne cotise pas davantage pour sa retraite.

Chaque année, les Français paient plus de 1 000 milliards d'euros d'impôts, de taxes et de cotisations sociales. Près de 60 % de ces prélèvements obligatoires financent les dépenses de protection sociale. C'est le cœur de notre réacteur national, si complexe que personne jusqu'à présent n'a osé le désosser totalement pour en comprendre les mécanismes, les distorsions, les effets pervers et les avantages.

Tout juste sait-on que ce système fait de la France une des nations les plus redistributives au monde, où une personne avec un revenu très faible peut le tripler par les seules prestations sociales, où 10 % des ménages acquittent 70 % de l'impôt sur le revenu, où les inégalités de revenus sont réduites mais les inégalités de patrimoine fortes, où la pauvreté – vrai scandale des nations riches – touche encore 14 % de la population, où la part des dépenses de santé et de vieillesse représente 80 % du total des dépenses sociales.

Voilà pour les chiffres.

Ensuite les faits.

Premier fait : la France vieillit.

Les changements démographiques qui touchent la France produisent mécaniquement deux conséquences : un coût plus élevé des retraites – qui pèsent déjà pour 42 % dans le total des dépenses sociales, soit le niveau le plus élevé des grandes économies occidentales – et un coût plus élevé également des dépenses de santé, que les nouveaux traitements font déjà exploser.

Premier fait, première question : souhaitons-nous faire évoluer notre système de financement des retraites pour en assurer la pérennité, en complétant la répartition par de la capitalisation ?

Question suivante : faut-il faire évoluer le régime de remboursement des soins pour le concentrer sur les personnes les plus vulnérables et les personnes âgées ?

Deuxième fait : une grande majorité de nos compatriotes a le sentiment de ne pas en avoir pour son argent.

Aucune personne sensée ne songe sérieusement à remettre en cause notre modèle de protection sociale, qui garantit l'accès à des soins de qualité pour tous, une protection immédiate face aux accidents de la vie, un accompagnement face à la plus cruelle des inégalités, celle devant les problèmes de santé. La Sécurité sociale est une conquête humaine, elle est le fruit d'une conception solidaire de la vie en commun, à l'opposé du modèle américain du chacun pour soi, où dans une ambulance l'infirmier pourra vous demander votre groupe sanguin et votre numéro de carte bleue. Pour autant, elle ne peut pas être un *open bar*. La responsabilisation de tous, du patient au soignant, est la condition sine qua non de son maintien.

Le délabrement des hôpitaux publics, l'engorgement des urgences, les attentes des personnels médicaux malgré les revalorisations massives du Ségur de la santé [1], la persistance des déserts médicaux dans les zones rurales, en dépit des efforts considérables investis dans ce domaine depuis deux décennies, amènent néanmoins nombre de nos compatriotes à se demander : où va notre argent ? Est-il employé là où il est le plus utile ?

Deuxième fait, deuxième question : quelle étape après le Ségur de la santé pour améliorer l'offre du service public hospitalier et répondre aux engagements du président de la République sur notre système de santé ?

Troisième fait : les salariés paient une grande partie de la facture.

Avec les cotisations sociales, les salariés voient fondre leur salaire brut comme neige au soleil. Même constat du côté des entrepreneurs, des patrons de PME ou de TPE, des indépendants et

---

1. Les accords du Ségur de la santé, signés le 13 juillet 2020, prévoient 19 milliards d'euros d'investissement dans le système de santé pour améliorer la prise en charge des patients et le quotidien des soignants, notamment leur rémunération.

des artisans avec les cotisations patronales. Pour les salariés, nous sommes arrivés à un point de rupture où tous ceux qui travaillent estiment que la facture est trop lourde. La complexité de leur fiche de paie cache une réalité simple et de plus en plus crue : en France, s'élever par le travail est devenu presque impossible. Dans les années 1960, on pouvait doubler son niveau de vie en une quinzaine d'années par le travail ; dans les années 2020, il faut plus de soixante-dix ans – autrement dit, une vie entière.

On touche ici à l'un des changements les plus injustes des sociétés capitalistes en général et de la France en particulier à la fin du XXe et au début du XXIe siècle : la prolétarisation rampante du salariat. Plutôt que de parler de classes moyennes, mieux vaut se concentrer sur ces salariés qui touchent 2 000 ou 3 000 euros par mois, paient des cotisations élevées, un impôt sur le revenu très progressif, sans bénéficier autant des mécanismes redistributifs que les autres, car ils paieront au prix fort la cantine de leurs enfants, ne pourront pas demander de bourses pour leurs études supérieures et se retrouveront avec une épargne modeste à la fin du mois, ou pas d'épargne du tout.

Cette mutation profonde des nations développées ne peut plus être passée sous silence ; elle doit être mise au cœur du débat politique.

Troisième fait, troisième question : sommes-nous prêts à transférer 5 points de cotisations ou de contributions acquittées par les salariés – soit près de 60 milliards d'euros – sur une autre assiette plus large ? Par exemple sur la TVA, quitte à réduire un certain nombre de taux sur des biens de première nécessité, pour protéger les plus modestes ? Ou encore en rééquilibrant la charge de la CSG entre les actifs et les retraités ?

Ce choix structurant présente un avantage immédiat : il garantit une augmentation du salaire net.

L'écart entre le brut et le net, matérialisé dans la colonne de prélèvements et de cotisations qui figure sur la fiche de paie, est devenu pour tous les salariés une interrogation de plus en plus pressante, pour certains une source de colère. Pourquoi me prélève-t-on autant ? Augmenter la rémunération nette doit donc devenir une priorité politique. Ne laissons pas croire qu'il suffirait de forcer les entreprises, car les réalités économiques se rappelleront vite à nous : si le coût du travail est trop élevé, le chômage repartira à la hausse. Ne laissons pas espérer non plus que la réduction drastique des dépenses de santé ou des dépenses sociales suffirait : le vieillissement de la population et les besoins croissants en matière de soins sont des réalités. Par conséquent, la piste d'une refonte des grands équilibres de notre modèle doit être désormais envisagée.

Par ailleurs, si le choix s'orientait vers une bascule de cotisations vers la consommation, il présenterait un autre avantage : il favoriserait la production en France en pénalisant les importations. Ce n'est donc pas uniquement un choix de société, c'est aussi un choix de modèle économique. Une France de la production doit valoriser le travail ; elle doit aussi avantager l'activité sur notre sol. C'est d'autant plus vrai que nos recettes de TVA sont mitées par la multiplication de taux réduits et figurent désormais parmi les plus faibles des grands pays développés.

Quatrième et dernier fait : les prestations sociales sont de plus en plus contestées par ceux qui travaillent.

Tout élu de terrain, tout responsable politique en fait l'expérience au moins une fois par jour : nos compatriotes se plaignent que les mécanismes de redistribution soient trop généreux envers ceux qui ne travaillent pas, au détriment de ceux qui travaillent. Ils plébiscitent les contreparties exigées en retour, comme les heures de formation ou les 15 heures de travaux hebdomadaires prévues par la loi du 18 décembre 2023 pour le plein emploi. Ils ignorent très souvent que le taux de non-recours à ces prestations est d'autant plus élevé que les personnes sont pauvres, éloignées du marché du travail, confrontées à des difficultés personnelles lourdes, psychologiques ou familiales. Résultat : tout le monde est perdant. Ceux qui travaillent en ont assez de payer pour ceux qui ne travaillent pas, ceux qui ne travaillent pas s'égarent dans le maquis des prestations, redoutant à tout moment de perdre de l'argent, notamment en reprenant une activité.

Quatrième fait, une seule réponse : nous devons mettre en place la solidarité à la source, en harmonisant les conditions de recours au RSA, à la prime d'activité et aux APL pour donner plus de lisibilité et d'efficacité à nos prestations sociales – suivant les engagements du président de la République dans sa campagne.

Le débat va démarrer en 2024 sur ce sujet, ouvrant la voie à une refonte en profondeur des prestations, par conséquent de notre modèle social.

Ce modèle a des qualités évidentes : sans les prestations, qui représentent un coût total de près de 60 milliards d'euros par an [1], 3 millions de personnes supplémentaires seraient sous le seuil de

---

1. Dont 12,3 milliards pour le RSA, 9,8 milliards pour la prime d'activité, 15,6 milliards pour les allocations logement et 11,3 milliards pour l'allocation adultes handicapés (Source DREES, 2022).

pauvreté et les inégalités ne cesseraient de croître en France, alors que nous les contenons. Les vraies inégalités sont liées au patrimoine, pas au travail.

Mais il comporte encore des aberrations : une personne qui ne travaille pas mais qui est *propriétaire* sera assurée de gagner davantage en reprenant un emploi ; une personne qui ne travaille pas mais qui est *locataire* pourra en revanche ·perdre de l'argent en reprenant un travail, car elle devra renoncer à tout ou partie de ses APL.

Enfin, le système de prestations sociales souffre d'un défaut majeur : il est illisible. Les quinze prestations sociales qui le composent sont versées en fonction d'un niveau de revenu qui est calculé de quinze manières différentes. Imaginez un impôt sur le revenu qui serait calculé différemment selon le type de revenu, c'est-à-dire sans revenu fiscal de référence : chaque contribuable serait obligé de calculer son impôt sur le revenu en fonction de la nature de ses ressources, suivant le vieux principe des cédules. Les cédules ont disparu pour l'impôt sur le revenu, elles sont encore la règle pour les prestations sociales. Il est temps de créer un revenu social de référence, comme il existe un revenu fiscal de référence, pour donner de la lisibilité, garantir la justice et renforcer l'efficacité de notre modèle. Le premier bénéfice à en attendre sera un retour au travail dans des conditions financières plus claires, pour tous.

Pour les autres questions, qui conduisent à des rééquilibrages en profondeur du financement de notre modèle social, comme la baisse des cotisations salariales et ses modalités de compensation, elles sont des choix de société autant que des choix économiques ; elles demandent donc à être tranchées par le peuple.

Article 11 de la Constitution de 1958 : « Le président de la République [...] peut soumettre au référendum tout projet de loi portant sur l'organisation des pouvoirs publics, sur des réformes relatives à la politique économique, sociale ou environnementale de la nation. »

N'est-il pas temps ?

II

L'écologie de production

Pour une France durable

Un projet de société

La transition climatique fait peur ; elle boule-
verse nos habitudes ; elle remet en cause nos sché-
mas de pensée les plus profonds.

Après un temps de passivité, propre à toutes les
nations développées, la France est dans la bonne
voie. Nos émissions de gaz à effet de serre dimi-
nuent ; nous avons engagé la diversification de
notre production énergétique ; nous sommes parvenus à découpler la croissance de notre richesse et
celle de nos émissions de CO_2, apportant la preuve
tangible que nous pouvions conjuguer croissance
et climat.

La décarbonation accélérée de notre économie
peut donc être non seulement une ambition économique pour la France, mais davantage encore
– un vrai projet de société.

Nous pouvons être demain une société qui
consomme sans émettre, qui respecte dans son

comportement et dans son code la nature et la condition animale, qui utilise son intelligence pour produire sans abîmer son environnement, une société en avance, qui fait le pari de devenir demain – dès 2040 – la première économie décarbonée en Europe.

L'adaptation est la première urgence.

Nous ne pouvons pas promettre des lendemains plus vivables si chaque heure qui vient est moins vivable.

Parce que toutes les filières économiques sont concernées – les transports, les déchets, la construction, les assurances –, nous étudierons avec chacune d'elles les dispositions à prendre pour rendre leurs activités soutenables économiquement et viables climatiquement.

Nous avons engagé ce travail pour les assurances : comment peuvent-elles assurer des risques possibles et aléatoires quand ceux-ci deviennent chaque jour davantage des catastrophes certaines et récurrentes ? Un examen identique sera fait filière par filière, sur la base de questions simples que nous nous posons tous : quels matériaux durables utiliser dans la construction ? Comment faire rouler des trains par des températures régulièrement supérieures à 30 °C ? Comment éviter la déformation des rails ? Quelles dispositions prendre pour garantir le refroidissement des centrales nucléaires ? Quels aménagements urbains sont les plus efficaces – voierie, toitures, façades, végétalisation des espaces publics – pour absorber la hausse des températures ?

En parallèle de ces décisions immédiates, c'est un changement de référentiel que nous devons porter, qui permette de conjuguer nos ambitions économiques et la lutte contre le réchauffement climatique. Pas de décroissance, mais une croissance verte ; pas de recul, mais une stratégie planifiée, durable et acceptable par tous, qui nous ouvre un nouvel avenir.

Pour une nouvelle philosophie de politique économique

Le projet économique européen porte en son cœur depuis 1957 le libre-échange, les traités de commerce, l'ouverture des frontières, le libre accès au marché et la libre concurrence. Tous ces principes nous ont permis de devenir une des premières puissances commerciales au monde. Mais ils se heurtent désormais à des réalités géopolitiques et climatiques radicalement nouvelles, qui doivent nous conduire à tempérer notre enthousiasme mercantiliste, au service de nos intérêts industriels et du climat, qui ont partie liée.

Pour faire court, il est temps de rompre avec le mercantilisme économique qui a été au cœur de la construction européenne depuis des décennies pour lui préférer un mercantilisme politique.

Car si la mondialisation a enrichi des peuples entiers, elle a aussi nourri une insécurité économique radicale, que les partis populistes ont su retourner à leur avantage en désignant du doigt les coupables : les intérêts étrangers, les immigrés et les élites en place. Entre eux, la colère du peuple ne fait aucune différence. Tous dans le même sac, tous bons à jeter.

Ne pas voir cette réalité, c'est courir le risque que le continent européen dans son ensemble, France comprise, bascule un jour dans les extrêmes.

Nous devons donc refonder la mondialisation dans un sens qui protège le travail *et* le climat, la justice *et* la planète.

Nous devons basculer dans une mondialisation qui garantisse l'indépendance des nations.

L'épisode du covid pourrait ouvrir une ère de nouvelles pandémies : quelles mesures ont été prises depuis en Asie, en Afrique ou ailleurs pour préserver les barrières naturelles entre le règne animal et les sociétés humaines ? Leur retour à échéances plus ou moins régulières, sous une forme plus ou moins grave, nous oblige à renforcer nos capacités de production dans les secteurs les plus

stratégiques et à garantir notre autonomie d'approvisionnement. Demain, les routes du commerce
pourraient de nouveau être coupées. Les terres
rares, les métaux critiques, les principes actifs des
médicaments pourraient ne plus être acheminés
jusqu'à nous. Nous devons donc reprendre à
marche forcée le chemin de notre indépendance.
Rien ne nourrit davantage le sentiment de déclassement que de ne pas trouver de Doliprane dans une
pharmacie, ou de masques dans les hôpitaux.

Les *Recherches sur la nature et les causes de la
richesse des nations*, publié par Adam Smith en
1776, est sans doute un des livres d'économie les
plus puissants jamais écrits, dont la variété est
inépuisable, les ressorts politiques complexes, le
souci des hommes et de leur condition sensible à
chaque page : « Assurément, on ne doit pas regar-
der comme heureuse et prospère une société dont
les membres les plus nombreux sont réduits à la
pauvreté et à la misère. La seule équité, d'ailleurs,
exige que ceux qui nourrissent, habillent et logent
tout le corps de la nation, aient, dans le produit
de leur propre travail, une part suffisante pour être
eux-mêmes passablement nourris, vêtus et logés. [1] »

---

1. Adam Smith, *Recherches sur la nature et les causes de la
richesse des nations*, livre I, chap. VIII, trad. Germain Garnier
et Adolphe Blanqui, Guillaumin, 1843.

Les théories de la monnaie, de la division du travail, de l'importance du commerce gardent toute leur pertinence.

En revanche, il est impossible de souscrire encore au principe de l'« avantage absolu », au nom duquel une nation devrait renoncer à produire un bien et préférer l'acheter à une autre, capable de le produire dans des conditions plus avantageuses, liées à son savoir-faire ou à son climat : « Si un pays étranger peut nous fournir une marchandise à meilleur marché que nous ne sommes en état de l'établir nous-mêmes, il vaut bien mieux que nous la lui achetions avec quelque partie du produit de notre propre industrie, employée dans le genre dans lequel nous avons quelque avantage. [1] »

En 2009, les grandes nations agricoles européennes firent face à l'une des crises les plus graves de leur histoire. La conjugaison de phénomènes climatiques et de surproduction provoqua un effondrement du prix du lait, ruinant des milliers de producteurs. Tout juste nommé ministre de l'Agriculture, je demandai à la commissaire européenne en charge du dossier, Mariann Fischer Boel, d'intervenir sur les marchés pour soutenir les prix ; je réclamai ; je tempêtai ; je lui montrai les

---

1. Adam Smith, *Recherches sur la nature et les causes de la richesse des nations*, livre IV, chap. II, *op. cit.*

images des agriculteurs désespérés épandant leur lait dans leurs champs, elle refusa de bouger d'un pouce. Je décidai donc de monter une coalition d'États membres, avec l'appui de mon homologue allemande, Ilse Aigner, originaire de Bavière et confrontée aux mêmes mouvements de désespoir que moi. Le temps pressait ; il fallait au plus vite publier une déclaration commune exigeant de la Commission le déblocage de plusieurs centaines de millions d'euros. Une réunion de l'Organisation des Nations unies pour l'alimentation et l'agriculture eut lieu à son siège, à Rome. Un soir, nous nous retrouvâmes donc avec Ilse Aigner au rez-de-chaussée d'un petit hôtel romain, niché dans une ruelle à quelques mètres du Colisée, assis dans des fauteuils en velours pourpre cardinalice, à relire notre déclaration. Nous demandions 900 millions d'euros ; Mariann Fischer Boel en lâcha 600 ; cela suffit à calmer les marchés.

Quand je revis Mariann Fischer Boel, elle me tint en substance le discours suivant : « Vous avez tort de vous battre pour votre production agricole, à quoi bon produire cher en France ce que vous pouvez acheter bon marché ailleurs ? » Elle était une disciple tenace, farouche et convaincue d'Adam Smith, dont les théories avaient, il est vrai, largement servi son pays d'origine, le Danemark ; la *Richesse des nations* devait être son livre de chevet ; le principe de l'« avantage absolu », son dogme ; le marché européen, un domaine à évangéliser.

Ce mercantilisme économique est caduc.

Au début de notre XXIe siècle, il se heurte à deux réalités brutales : la géopolitique, le climat.

La première conduit certaines puissances à utiliser leurs avantages comparatifs non plus au service du commerce, mais du conflit ; en privant les autres puissances des produits ou des biens qu'elles peuvent facilement fabriquer ou extraire, elles transforment leurs marchandises en marchandage ; ainsi des États-Unis, qui refusent de livrer des semi-conducteurs de taille inférieure à 5 nanomètres à la Chine, ou de la Chine, qui décrète un embargo sur la fourniture de métaux rares. La seule réponse raisonnable à cette réalité est de renforcer notre souveraineté européenne et nationale, comme le proposait déjà Emmanuel Macron dans son discours de la Sorbonne en 2017.

La deuxième réalité est le climat : un avantage économique peut conduire à un désastre écologique. En abandonnant son industrie depuis des décennies, la France a multiplié ses importations de produits manufacturés. Résultat : une grande partie des efforts de la France pour réduire ses émissions de CO_2 sont effacés par des importations de produits lourdement carbonés. Stratégie triplement perdante : pour notre solde commercial, pour nos emplois, pour la planète.

Le seul véritable « avantage absolu » sera donc désormais le climat. Il devra être intégré de manière résolue dans nos politiques commerciales, faute de quoi les tenants de la démondialisation, du repli sur soi et de la fin du commerce mondial gagneront la partie. Or, de la même manière que de fausses idées séduisantes sur le travail ou sur l'industrie sans usine ont durablement affaibli nos capacités de production et notre richesse collective, nous serons les grands perdants du XXIe siècle.

Une écologie de production

Sur la base de cette philosophie, nous devons accélérer le développement des capacités de production en France, au service du climat et de notre économie.

Nous sommes une nation de consommateurs, nous devons redevenir une nation de producteurs.

Produire, produire, produire : voilà le combat essentiel que la France doit livrer pour garantir sa prospérité. Il faut en convaincre nos partenaires européens, trop souvent enclins à penser que le commerce suffira à garantir notre richesse. Il faut en persuader notre société, qui cherche la voie pour améliorer son quotidien. La France ne réussira au XXIe siècle et ne sera en sécurité que par la force de sa production, agricole ou industrielle. Pouvons-nous continuer à importer plus de 70 % des fruits ou 80 % des poissons que nous consommons ? Voulons-nous vraiment être dépendants du Brésil ou de l'Argentine pour notre consommation de viande ?

L'électricité offre le meilleur exemple de cet impératif de production. D'ici 2050, nous allons devoir doubler notre production électrique en France pour faire face à des besoins exponentiels liés à la domotique, au développement des véhicules électriques, à la production d'hydrogène, à la décarbonation des usines. C'est une opportunité unique de déployer rapidement des énergies renouvelables, de réaliser de nouveaux réacteurs nucléaires, de tirer le meilleur parti de nos centaines de barrages – bref, de devenir les champions de l'électricité décarbonée en Europe, capables à la fois de garantir notre indépendance et de rééquilibrer notre balance commerciale par l'exportation de notre production. En 2023, le rétablissement des capacités de production de nos réacteurs nucléaires nous aura permis de dégager en six mois plus de 3 milliards de recettes.

Nous étions dépendants des chaînes de production étrangères, nous devons reconstruire notre indépendance : pas sur tous les produits, pas sur tous les biens, mais dans les domaines que nous estimons critiques – la santé, les énergies renouvelables, le nucléaire – ou stratégiques – le calcul quantique, l'intelligence artificielle, le spatial – ou sur lesquels nous pouvons faire la différence – l'agriculture, l'industrie créative.

Nous ne serons jamais une nation autosuffisante ; nous voulons être une nation indépendante. La différence entre l'une et l'autre tient à notre participation au commerce mondial. Nous voulons continuer à participer aux échanges internationaux, mais avec la force d'une puissance qui produit ses propres biens manufacturés – au lieu de consommer uniquement ceux des autres – et sur la base de règles nouvelles, qui protègent l'équité et le climat.

En quelques années, nous avons regagné un terrain considérable : en abaissant la fiscalité sur les entreprises, en supprimant une partie des impôts de production, en mettant en place un crédit d'impôt pour les entreprises qui produisent des batteries électriques, des éoliennes, des pompes à chaleur ou des panneaux solaires, en réinvestissant dans le nucléaire, nous avons réussi à créer de nouvelles chaînes de valeur compétitives en France. La région de Dunkerque en est le meilleur exemple : de symbole de la désindustrialisation, elle est devenue un modèle de développement industriel, au point de manquer de terrains pour accueillir de nouveaux investissements.

Pour la première fois depuis 1957, sous notre impulsion avec le président de la République, nous avons fait pivoter le droit européen, traditionnellement hostile à toute aide publique, pour pouvoir accompagner financièrement des projets industriels privés. Quand la bataille des subventions fait rage entre la Chine, les États-Unis et les nations européennes, il aurait été suicidaire de ne pas aligner nos conditions sur les meilleures offres mondiales. Sans soutien public, jamais une entreprise de semiconducteurs comme GlobalFoundries n'aurait accepté d'investir sur le site de STMicroelectronics à Crolles, jamais ProLogium n'aurait ouvert son usine de batteries solides, jamais ACC n'aurait investi à Douvrin.

Il est temps maintenant de lever les derniers obstacles sur notre chemin : alléger encore les impôts de production, qui restent à ce jour cinq à six fois plus élevés qu'en Allemagne, supprimer définitivement la cotisation sur la valeur ajoutée des entreprises, simplifier les normes administratives qui entravent notre industrie, former, qualifier, libérer le foncier nécessaire pour les usines – et surtout innover.

Nous avons prévu dans la loi industrie verte que l'agrandissement ou la création d'entreprises industrielles vertes ne soient pas comptabilisés au titre de la loi sur le « zéro artificialisation nette [1] ». Je suggère soit que *toutes* les usines soient exclues de ce calcul, soit que nous mettions à leur disposition des hectares supplémentaires, en nombre suffisant. Nous ne pouvons pas réindustrialiser avec des bâtons dans les roues ; nous sommes trop en retard ; chaque minute compte.

En tout état de cause, n'est-il pas préférable pour le climat que la production industrielle se développe en France, dans le respect des meilleurs standards environnementaux mondiaux, plutôt que hors de nos frontières ?

Défendre nos intérêts industriels et climatiques

Ouvrir de nouvelles usines, créer des filières de formation, développer de nouvelles qualifications, investir dans la recherche – toute cette politique

---

1. Le « zéro artificialisation nette », ou ZAN, est un objectif fixé par la loi « climat et résilience » du 22 août 2021, qui vise à lutter contre l'artificialisation des sols liée en particulier à l'étalement urbain en périphérie des villes. Cet objectif, fixé à 2050, est essentiel pour limiter le réchauffement climatique, un sol artificialisé n'absorbant plus de dioxyde de carbone. Il est décisif aussi pour protéger nos surfaces agricoles.

nationale et européenne n'a de sens que si nous nous battons *à armes égales* avec nos grands concurrents, américains ou chinois.

Nous avons progressé, nous sommes encore loin du compte.

En France, nous avons su aussi nous affranchir de dogmes obsolètes pour ouvrir la voie à une véritable préférence climatique européenne.

Nos subventions pour les véhicules électriques étaient ouvertes à tous les véhicules, quel que soit leur lieu de production ; sur une dépense budgétaire annuelle de 1,2 milliard d'euros, 40 % environ bénéficiaient à des voitures produites hors des frontières européennes, dans des usines dont les émissions de CO_2 étaient deux à trois fois plus importantes qu'en France. Nous avons décidé de réserver ces subventions à des véhicules électriques respectant les normes environnementales les plus strictes, dans leur fonctionnement comme dans leur production. Résultat : cette somme de 1,2 milliard d'euros ira désormais exclusivement à des productions européennes. La France est pour le moment la seule nation à avoir fait ce choix ; je n'ai aucun doute que d'autres suivront, sous la pression des opinions publiques qui réclament légitimement un juste emploi des deniers publics, ou par simple intérêt industriel.

Le décret sur le contrôle des investissements étrangers [1] était limité à un certain nombre de secteurs économiques, nous l'avons élargi à la sécurité alimentaire, au stockage d'énergie, aux matériaux critiques.

Protectionnisme ?

Non. Pragmatisme.

La France et les États européens ne peuvent pas être les derniers à respecter les règles d'un jeu dont les autres grandes puissances ont quitté depuis longtemps la table, pour s'asseoir à celle de leurs seuls intérêts.

Si nos intérêts nationaux et européens sont les intérêts du climat, nous devons prendre les dispositions nécessaires pour les défendre.

Le mécanisme d'ajustement carbone aux frontières, les projets d'intérêt collectif européens, qui permettent de subventionner largement des investissements dans la décarbonation industrielle et les nouvelles technologies, sont de premières réponses fortement défendues par la France.

Mais nous devons nous projeter plus loin.

Une écologie de production nationale suppose une Europe de combat.

---

1. Décret IEF, qui donne pouvoir au ministre de l'Économie, après instruction de ses services, de refuser des investissements étrangers dans des activités jugées stratégiques pour la nation.

Quand Joe Biden décide de mettre en place des mécanismes de subventions massives à hauteur de plusieurs centaines de milliards de dollars pour attirer les investissements industriels sur son sol, la réponse européenne ne peut pas se limiter à des visites à Washington pour quémander des exemptions, qui soit ne nous seront pas accordées, soit seront retirées par la prochaine administration. La seule réponse valable est la mise en place de mécanismes similaires en Europe, avec des financements communs.

Quand la Chine réserve ses subventions publiques à ses seules productions nationales, la Commission européenne devrait faire de même. Quelle est la part des éoliennes étrangères dans les gigantesques champs offshore qui ont été construits par Pékin depuis dix ans ? Des miettes. 96 % de ses champs ont été réalisés avec des technologies chinoises : mâts, rotors, turbines, aimants permanents. Qu'attendons-nous pour exiger une part de contenu européen dans *tous* les appels d'offres du marché intérieur pour des équipements en infrastructures ? Cette part n'existe pas aujourd'hui. Nous risquons donc de devoir équiper nos champs éoliens avec du matériel chinois, dont les coûts sont inférieurs de 20 % aux coûts moyens européens. Déjà de grandes entreprises européennes ont jeté l'éponge : délais trop longs, compétition inéquitable avec la Chine, rentabilité insuffisante.

Nous ne pouvons pas laisser faire. Je regrette la frilosité allemande dans ce domaine, alimentée par la crainte de mesures de rétorsion de la part de Pékin. La force respecte la force.

Cette révolution idéologique du contenu européen, la prochaine campagne des élections européennes nous offre une occasion unique de la promouvoir.

Qui paie ?

La transition écologique a un coût, qui se chiffre en dizaine de milliards d'euros par an.

Il est toujours tentant de faire payer les riches ; c'est un réflexe classique, en France comme ailleurs ; un ISF climatique a quelque chose de séduisant, car il nous épargne des réflexions plus difficiles sur les modalités de financement de la plus grande transition économique depuis la révolution industrielle du XIXe siècle.

J'ai peur que cela ne suffise pas, voire se retourne contre nos propres intérêts.

Que le fardeau soit équitablement réparti, oui ; que des efforts particuliers soient demandés à ceux qui polluent le plus, certainement ; que nous obtenions un impôt minimal au niveau européen, pour garantir que les plus riches paient leur juste part, essentiel ; mais cela ne nous dispense pas d'ouvrir des voies nouvelles pour garantir un financement pérenne de la décarbonation de notre économie.

L'argent public est nécessaire : en France, dès 2024, nous engagerons 7 milliards d'euros supplémentaires dans la transition écologique. À ces sommes s'ajoutent les 54 milliards d'euros du plan France 2030, dont une large partie ira au même objectif. Enfin, les différents crédits d'impôt pour l'innovation ou pour l'industrie verte servent aussi cette ambition.

Une politique de prêts adaptés doit également nous permettre de compléter les financements. La Banque européenne d'investissement doit se transformer en banque européenne du climat : c'est le mandat qui a été fixé à sa nouvelle présidente, l'Espagnole Nadia Calviño.

Mais après tout, n'est-ce pas aussi aux entreprises privées de prendre leur part du fardeau ? Ne doivent-elles pas faire en sorte de rentabiliser à terme leurs investissements ?

La priorité ira donc désormais à la mobilisation des fonds privés, en particulier par des leviers réglementaires sur les fonds d'épargne, les assurances vie ou les placements financiers. La mise en place de l'union européenne des marchés de capitaux servira également cet objectif. Compter exclusivement sur le financement bancaire, c'est la certitude de manquer des moyens financiers nécessaires à la transition climatique.

L'argent public doit être utilisé comme un *levier* pour l'investissement privé. La politique de garanties du Trésor public sera orientée de manière encore plus radicale vers les investissements en faveur de la décarbonation. Les obligations vertes du Trésor, que la France a été la première à mettre en place, ont montré leur efficacité.

Reste enfin le financement direct européen. Face à la crise du covid, nous avons su mettre en place des émissions de dette commune. Nous ne devons pas refermer cette option, aussi irritante soit-elle pour nombre d'États membres. Personne ne comprendrait que face au défi humain le plus important depuis des décennies, le continent européen soit incapable de reconsidérer ses grandes options financières pour faire de notre économie un modèle écologique de premier plan.

De l'autre côté de l'Atlantique, on investit à tour de bras dans l'industrie verte, on offre des conditions de financement exceptionnelles, on met en place un crédit d'impôt généreux, on garantit des prix de l'énergie parmi les plus compétitifs au monde. La croissance américaine atteint le double de la croissance européenne. Le risque que des pans entiers de notre industrie, par exemple dans le domaine de la chimie, quittent le continent européen pour des rivages plus accueillants est réel.

Dans cette situation, le continent européen ne peut pas rester les bras croisés, à répéter que les financements manquent, que nous devons en priorité rembourser la dette du covid, que de nouveaux fonds communs sont exclus : ce serait assombrir notre avenir économique. Davantage : ce serait torpiller le projet politique européen, qui trouve son sens dans notre capacité à rassembler nos forces – y compris financières – pour faire face aux grands défis du temps.

Hier : la reconstruction pour la paix.

Dans les décennies à venir : la bascule vers un modèle économique durable.

III

Le pari de l'innovation

Pour une France pionnière

Arthur Mensch [1] *habite – encore – en France*

À tous ceux qui doutent des capacités de la
France, je voudrais les inviter à visiter les innom-
brables lieux où se jouent notre avenir, le CEA sur
le plateau de Saclay, le Genopole d'Évry, les salles
blanches de STMicroelectronics à Crolles, près de
Grenoble, les laboratoires de l'Institut Pasteur, les
amphithéâtres de l'ENS, le centre de recherche
d'EDF ou le centre spatial de Kourou, les universités, CHU, grandes écoles, start-up et multinationales industrielles, où fourmillent les chercheurs,
scientifiques, ingénieurs de classe mondiale.

Tous testent les limites de la réalité, sondent
l'infiniment petit et l'infiniment grand, cherchent
à comprendre par le calcul quantique les ressorts

---

1. Arthur Mensch est un jeune ingénieur et un des fon-
dateurs de l'entreprise française la plus prometteuse en
matière d'intelligence artificielle : Mistral AI.

de la matière, évaluent la résistance des matériaux, envisagent des alternatives à la fission nucléaire, développent des traitements contre le cancer par immunothérapie et séquençage de l'ADN qui renverront un jour les désagréments douloureux des séances de chimiothérapie au rang de traitement barbare.

La France sera sauvée par son intelligence collective. Elle demeurera une grande nation.

Notre intelligence collective est aussi une des solutions sur la voie de la décarbonation de notre économie : l'avion à hydrogène, les carburants à faible émission, la meilleure gestion de la puissance des réseaux électrique, le stockage de l'énergie, l'amélioration des performances des pales éoliennes – toutes ces avancées positives pour le climat supposent que nous maintenions un niveau de recherche et d'innovation aux standards les plus élevés. Elles ne régleront pas le problème du climat ; elles ne nous dispenseront pas de changements profonds dans nos modes de vie, dans notre consommation, dans notre rapport aux objets comme au vivant ; mais elles feront en sorte que la lutte contre le réchauffement climatique se traduise par une amélioration, non par une régression de nos sociétés.

Je dis bien : intelligence collective.

Car notre plus grand défi national en matière d'innovation est en effet de diffuser cette innovation partout sur le territoire ; la diffuser partout et pour tous. Il y a une intelligence de la main qui vaut l'intelligence de l'esprit, dont nos artisans, nos ouvriers, nos soudeurs, nos chaudronniers sont les dépositaires.

L'accès au savoir de pointe, aux nouvelles technologies, aux métiers de l'ingénierie ne doit plus être réservé à quelques-uns, mais ouvert au plus grand nombre. L'économiste Xavier Jaravel [1] a identifié des pistes de travail en ce sens qui méritent d'être étudiées et mises en œuvre.

Dans la loi industrie verte, par exemple, nous avions pris des mesures pour faciliter l'accès des jeunes femmes aux formations d'ingénieur, où elles représentent à peine 20 % des effectifs. Je continue de plaider pour des quotas dans les classes préparatoires, en plus de dispositions prises plus en amont pour remédier aux biais de sélection. Contre le mérite, les quotas ? Nous sommes tous bien obligés de reconnaître que des conseils d'administration jusque sur les bancs de l'Assemblée nationale ou des conseils municipaux, ils ont été la seule solution pour parvenir à des résultats concrets en matière d'égalité femmes-hommes.

---

1. Xavier Jaravel, *Marie Curie habite dans le Morbihan. Démocratiser l'innovation*, Éditions du Seuil, 2023.

Aux grands maux – et les inégalités entre les femmes et les hommes en sont un – les grands remèdes.

Il faut agir en fin de scolarité, mais encore plus au début ; car rien ne fait plus de tort à notre société que la régression sexiste, qui enferme les femmes dans des représentations convenues, les oriente dès leur plus jeune âge dans leurs goûts, les écarte insidieusement des carrières scientifiques, décourage leur talent. Le sexisme reprend du poil de la bête en France, véhiculé à grande vitesse par les réseaux TikTok, Instagram ou YouTube : il est pourtant la négation absolue de notre culture, dans laquelle Marie de Médicis commande au roi, Louise Labé affirme son « Amour lesbienne », Madame de Staël pense l'Europe, Marie Curie découvre le radium, Simone Veil illustre le courage ; Marianne est une femme ; la France aussi.

Autre défi pour réussir ce pari de l'intelligence collective : augmenter les investissements privés, décloisonner les entreprises et les universités, faciliter le travail des chercheurs publics.

On connaît la citation prêtée au général de Gaulle : « Des chercheurs qui cherchent, on en trouve ; des chercheurs qui trouvent, on en cherche. » Je doute de son authenticité ; le père des plus grands programmes de recherche nationaux après la Seconde Guerre mondiale n'a jamais compté les

LE PARI DE L'INNOVATION

moyens du savoir. Si bien que ce qui singularise la recherche en France, c'est au contraire un niveau de dépenses publiques plus élevé que dans les autres pays du G7 – 1 % contre 0,9 en Allemagne ou aux États-Unis – mais qui ne suffit pas à compenser un niveau de dépenses privées plus faible. Au total, à un moment où les révolutions technologiques vont bouleverser les rapports de force mondiaux, la France consacre 2,2 % de son PIB à la recherche, contre 4,9 % en Corée du Sud, 3,5 % aux États-Unis ou 3,1 % en Allemagne.

Nos choix collectifs ne sont plus pertinents : à trop dépenser pour la protection sociale ou pour le fonctionnement des administrations, nous nous privons de moyens indispensables pour offrir des emplois qualifiés, ouvrir de nouvelles usines, rester dans la course technologique mondiale.

Dernier défi pour réussir ce pari de l'intelligence nationale : l'industrialisation de nos découvertes.

Arthur Mensch, qui enchaîne les levées de fonds spectaculaires, habite encore en France. Pour combien de temps ? Des Américains sont entrés à son capital ; les géants du numérique se verraient bien récupérer la pépite, pour accroître encore le tas d'or sur lequel ils sont assis depuis trente ans ; Palo Alto lui tend les bras. Dans le parcours de ce mathématicien d'exception, on peut lire toutes les faiblesses passées comme les incroyables remises en question qui attendent la science en France : nous produisons les meilleurs cerveaux, nous ne savons pas les employer ; nous inventons, nous ne développons pas ; nous cloisonnons, hiérarchisons, nivelons les savoirs, quand nous devrions les libérer ; nous ne publions pas assez de travaux scientifiques.

Pour que tous les Arthur Mensch restent en France, nous devons donner aux créateurs d'entreprises le moyen de lever des fonds à hauteur de centaines de millions ou de milliards d'euros. La mise en place de l'Union des marchés de capitaux au niveau européen est la solution. Elle permettra à une jeune entreprise innovante de lever des fonds sans avoir à se soucier des barrières réglementaires entre les États européens. Ces sept dernières années, je me suis cassé les dents sur ce sujet ; trop de réticences à mettre en place une supervision unique ; trop d'intérêts financiers incompatibles. Je plaide donc désormais pour que nous avancions à marche forcée, avec un nombre restreint d'États membres. Les autres suivront, le moment venu. Avec mon homologue allemand Christian Lindner, nous souhaitons aboutir sous deux ans.

Chaque année qui passe nous prive du développement industriel de grands champions technologiques.

IA

Nous devons accélérer le déploiement d'une politique d'innovation à la hauteur des défis du temps : toutes les mesures que nous avons prises pour faire tomber les barrières entre le monde industriel et le monde de la recherche vont dans la bonne direction. Mais seule une politique stratégique d'innovation, capable de lever un certain nombre de tabous comme les niveaux de rémunération, les contrats courts, la différenciation des rémunérations par spécialité, la plus grande autonomie des universités, sera à la hauteur du combat des savoirs qui a commencé.

Dans les années 1990, l'Europe a raté le tournant de la révolution numérique. Nous avons payé au prix fort cette erreur : tous les géants du numérique, de Google à Microsoft en passant par Amazon, sont désormais américains. Nous les régulons, nous les taxons, mais il est trop tard pour créer nos propres champions européens du numérique.

En novembre 2023, je représentai le président de la République au sommet sur l'intelligence artificielle organisé par le Premier ministre britannique, Rishi Sunak, à Bletchley Park, haut lieu de l'intelligence européenne, où le chercheur Alan

Turing et ses équipes décryptèrent le code Enigma utilisé par les nazis durant la Seconde Guerre mondiale. Il y avait quelque chose de vertigineux à voir, au-dessous d'un portrait de Churchill, la vice-présidente américaine Kamala Harris contempler des éléments de la machine qui avait su casser le code le plus complexe mis en place par les forces de l'Axe. Qui, désormais, maîtrise l'intelligence artificielle ? Les États-Unis. Qui a les moyens financiers et technologiques pour développer à grande vitesse et à grande échelle l'intelligence artificielle générative ? À nouveau les géants du numérique américains. Nous pourrions toujours les réguler, leur imposer notre fiscalité, ils auraient toujours un temps d'avance.

Le directeur général de Microsoft me l'a dit sans ambages : il ne croit pas à la possibilité pour les nations européennes de rattraper leur retard. Je crois le contraire ; mais nous devons mesurer le fossé qui nous sépare déjà de la puissance américaine, voire de la puissance chinoise. 100 milliards d'euros : c'est le montant que Microsoft compte investir dans les années à venir pour acquérir de nouvelles capacités de calcul, sur la base des processeurs graphiques de l'entreprise américaine NVIDIA, en situation de monopole sur le marché. Quelle entreprise européenne pourrait aligner la même somme ?

Tout a été dit des enjeux culturels, scientifiques et moraux liés à l'intelligence artificielle. Chacun mesure combien cette nouvelle technologie pourrait bouleverser des pans entiers de notre économie, affaiblir notre culture européenne, remettre en cause nos valeurs les plus essentielles, à commencer par le libre arbitre du consommateur et du citoyen.

Mais la singularité de cette innovation radicale, comparable en beaucoup de points à la naissance de l'imprimerie, est ailleurs : pour la première fois dans notre histoire, une innovation de rupture se greffe sur des monopoles économiques. Le fort va au fort. La technologie va au plus riche. La révolution est entre les mains des intérêts privés.

S'il est par conséquent indispensable d'accélérer le déploiement de la stratégie IA mise en place par le président de la République en France, si la montée en puissance de nos algorithmes, de nos supercalculateurs, de nos dispositifs de formation est un impératif absolu pour défendre notre souveraineté, il est tout aussi nécessaire de réfléchir à l'inclusion immédiate dans les modèles IA de nos propres technologies.

La bataille est scientifique, elle est aussi normative. Casser les monopoles ou les situations de rente par des normes européennes appropriées est nécessaire. Nous ne pouvons pas être le continent de la libre concurrence, tout en laissant des monopoles saturer le marché de l'IA.

Le temps des sciences

Nous devons remettre la science au cœur de notre projet éducatif.

Les capacités de calcul de nos enfants, la maîtrise de nouveaux savoirs technologiques, la compréhension des enjeux scientifiques liés à l'IA doivent devenir le socle des écoles et de nos politiques de formation. Toutes les décisions prises en ce sens par le président de la République et par son ministre de l'Éducation nationale, comme les initiatives privées sur les écoles de formation, méritent un soutien déterminé.

Cela vaut aussi pour les responsables politiques.

Le temps des généralistes est passé ; le temps des spécialistes commence.

Mais comme il ne peut y avoir de bonne gouvernance sans généralistes solides, capables d'embrasser tous les champs de la connaissance, de maîtriser des enjeux contradictoires, de comprendre le fonctionnement d'une unité d'électrolyse pour en apprécier les coûts tout en réfléchissant à la réorganisation des réseaux d'acheminement de l'hydrogène vert depuis le Maroc ou l'Arabie saoudite, il n'y a pas d'autre option pour un responsable politique que de se remettre rapidement sur le chemin de l'apprentissage. Jamais je n'ai autant appris qu'au pouvoir ; sur les hommes, mais sur la science également. Pour maîtriser mes dossiers, j'ai dû écouter des scientifiques, des directeurs de laboratoire, des ingénieurs, tordre mon cerveau littéraire vers des combinaisons de chiffres, des formules chimiques, des équations ; je me suis ouvert à une autre représentation de la réalité, sans laquelle le XXIe siècle vous échappe. Les calculs de puissance énergétique ont plus de valeur pour moi désormais que les calculs de pouvoir.

Nous avons besoin de responsables politiques acquis à la cause de la science, capables de s'appuyer sur des ingénieurs aux connaissances précises. Quel cabinet ministériel pourrait aujourd'hui fonctionner utilement sans l'appui de ces nouvelles générations rompues aux défis scientifiques les plus complexes ?

Pour des cohortes entières de ministres, élus, parlementaires, c'est une révolution ; mais une révolution nécessaire. Nous devons avoir l'humilité de reprendre nous aussi le chemin de la connaissance.

IV

La politique du moindre luxe

Pour une France désendettée

Le système de la dette

En 2022, le niveau de la dette publique par rapport à notre richesse nationale a dépassé les 100 % en France.

Est-ce une hérésie ?

Cela est-il déjà arrivé dans notre histoire ?

Le « premier roi de l'endettement [1] » aura été un grand roi, Saint Louis : il emprunta à tour de bras pour financer les croisades ou acheter des reliques de la Passion, à destination de la Sainte-Chapelle.

Le deuxième aura été un souverain non moins important, François Ier, qui pour financer sa cour et ses campagnes eut recours sans discernement aucun aux banquiers de Lyon, parmi lesquels des intermédiaires italiens, suisses et allemands, qui ne prêtaient jamais à moins de 16 %. Un taux usurier. Il avait une excuse : Louis XII avait laissé un passif

---

1. Jacques Le Goff, *Saint Louis*, Gallimard, 1996.

considérable. François Ier a été le premier à pratiquer l'audit de son prédécesseur, pratique commode et bien établie depuis : « Nous trouvasmes le faict et estats de ses finances chargé d'environ quatorze cens mil livres tournois, pour les affaires des guerres qu'il avoit eues au precedent [1]. »

Le troisième souverain érigea la dette en système.

Louis XIV, qui avait trouvé des comptes en bon état, engagea pendant des décennies des dépenses somptuaires, qui servirent ses batailles, entretinrent l'éclat de son règne, tissèrent un lien de dépendance entre le monarque et sa cour. Politique du plus grand luxe, comme la nomma si bien Saint-Simon : « Il aima en tout la splendeur, la magnificence, la profusion. Ce goût il le tourna en maxime par politique, et l'inspira en tout à sa cour. C'était lui plaire que de s'y jeter en tables, en habits, en équipages, en bâtiments, en jeu. C'étaient des occasions pour qu'il parlât aux gens. Le fond était qu'il tendait et parvint par là à épuiser tout le monde en mettant le luxe en honneur, et pour certaines parties en nécessité, et réduisit ainsi peu à peu tout le monde à dépendre entièrement de ses bienfaits pour subsister [2]. »

---

1. Cité dans Martin du Bellay, *Mémoires du règne de François Ier*, Éditions Paleo, 2002.

2. *Mémoires du duc de Saint-Simon*, t. XII, chap. XIX, 1857.

La dette publique était presque nulle en 1820, elle frôla les 300 % en 1944, elle était de 16 % à la fin des Trente Glorieuses.

Elle a progressé régulièrement depuis 1974, et a connu deux bonds récents de 20 points chacun : entre 2007 et 2010, elle est passée de 65 à 85 %, en raison de la crise financière ; entre 2019 et 2021, elle est passée de 97 à 113 %, en raison de la crise du covid. Entre 2017 et 2018, notre majorité a pris les mesures nécessaires pour revenir sous les 3 % de déficit public et sortir la France de la procédure pour déficit excessif. Preuve que la bonne tenue des comptes fait partie de notre ADN politique.

Depuis, nous avons ramené notre dette publique à 111 %.

Voilà pour les faits.

Quitte à provoquer, on voit donc que les périodes de fort endettement de notre nation ont aussi coïncidé avec des périodes fastes de notre histoire : Saint Louis, François Ier, Louis XIV. On ne comprend rien à cette relative indifférence du peuple français à la question de la dette si on ne met pas en regard ce qui en a été le produit : notre gloire. Gloire passagère, gloire fragile, qui le plus souvent se termina en drame, mais gloire quand même.

La dette en Allemagne est une faute [1] ; la dette en France est le prix à payer pour la grandeur – croit-on.

Pourquoi réduire la dette maintenant *?*

Alors, dans ce cas, pourquoi réduire la dette *maintenant* ? Et pourquoi vouloir accélérer le désendettement de la France par la réduction du déficit et de la dépense publics ?

Pas parce que la dette serait mauvaise en soi, comme le laissent entendre certains spécialistes qui ont une vision exclusivement comptable de la politique.

Mais pour une série de raisons incontestables, dures et non négociables, comme toute réalité.

La première est que les pouvoirs publics ne disposent plus des leviers classiques de désendettement. Quels sont-ils ? Oublions les extorsions des créanciers, annulations de dette, spoliations qui ont été monnaie courante pendant des siècles ; ils n'ont plus cours dans les démocraties modernes. Oublions également les dévaluations : l'entrée dans la zone euro nous a heureusement privés de cette

---

1. Le mot *Schuld* en allemand désigne à la fois la « culpabilité » et la « dette ».

facilité, qui revenait à acheter de la fausse compétitivité à bon compte. Oublions aussi l'inflation : nous sommes sortis de la crise inflationniste, les taux très élevés sont derrière nous.

La deuxième est que nous sommes passés d'un temps de vaches grasses monétaires à un temps de vaches maigres. Pour combattre l'inflation, les banques centrales – BCE en Europe, Fed aux États-Unis – ont drastiquement resserré leur politique monétaire. Autrement dit, elles ont cessé d'inonder le marché avec des capitaux abondants, à des taux très faibles. L'argent est devenu rare ; comme tout ce qui est rare, il est devenu cher ; les taux d'intérêt sont passés en moins de 18 mois de 0 à plus de 3 %. Ce niveau de taux fait exploser notre charge de la dette, qui pourrait atteindre les 70 milliards d'euros en 2027. Dépenser autant pour la charge de la dette, c'est jeter l'argent par les fenêtres. Accélérer le désendettement nous permettra de réduire ce poste inutile.

La troisième raison est que la croissance est faible dans la zone euro. Aucun responsable politique européen ne devrait se résigner à cette croissance faible. À plusieurs reprises, avec le président de la République, nous nous sommes élevés contre cette situation ; nous avons proposé des investissements dans l'innovation, les nouvelles technologies, la formation, pour augmenter la productivité en berne des États européens ; nous avons eu gain de cause sur une partie de nos exigences, mais les résultats ne viendront pas du jour au lendemain.

Au moment où j'écris ces lignes, mes équipes travaillent avec celles du ministre de l'Économie allemand, Robert Habeck, à une initiative pour relancer des programmes industriels communs, améliorer notre compétitivité, soutenir des programmes d'innovation ; mais dans le meilleur des cas, il nous faudra des années pour redonner de la vigueur à la productivité européenne et dégager de nouvelles marges de manœuvre. Le risque européen est une relégation rampante : un continent miné par une démographie faible, un vieillissement accéléré, une croissance atone et qui ne parvient plus à financer le modèle social qui a fait sa réputation autrement que par la dette ou par le renoncement à toute ambition innovante.

La croissance faible ralentit le désendettement ; elle doit donc nous amener à trouver dans l'immédiat d'autres leviers pour réduire la dette.

Autrement dit : les temps ont changé.

En 2017, nous pouvions compter à titre principal sur la croissance pour réduire notre dette, à titre secondaire sur la réduction de la dépense publique. En 2024, nous devons compter sur une croissance plus faible en raison du ralentissement européen, par conséquent nous devons aussi miser sur une réduction plus forte de la dépense publique et du déficit.

Dernière raison : la crédibilité de la France en Europe.

Cet argument est sans doute inaudible pour certains, irrecevable pour d'autres, qui estiment que la France n'a de comptes à rendre à personne. Ce sont souvent les mêmes qui réclament toujours plus de protection quand la crise économique est là, trop heureux de pouvoir bénéficier des largesses que nous autorise la protection de l'euro. Soyons plus cohérents que nos adversaires politiques qui, faute d'avoir le courage d'assumer une sortie sèche de la France de l'Union européenne, ont successivement proposé une sortie de la zone euro, un panier de monnaies, une nouvelle monnaie, le maintien dans le projet politique mais la sortie des institutions – bref, tout et son contraire.

Une union monétaire implique des règles, des contrôles, des engagements : voilà la seule réalité qui vaille. Tous les États membres les respectent ; peu importe la couleur du gouvernement en place : le Portugal, dirigé par un gouvernement socialiste, est à l'équilibre budgétaire.

La France a mieux à faire en Europe que se singulariser comme elle le fait depuis un demi-siècle par des comptes publics déséquilibrés ; et notre majorité, qui est la seule à avoir assumé en 2017 le rétablissement des comptes et en 2023 la réforme des retraites, sans laquelle aucun désendettement durable n'est possible, doit remonter au front sur ce sujet.

Il y va de notre intérêt national, pour faire face à des investissements nécessaires ou à toute nouvelle crise qui réclamerait de mobiliser des fonds publics.

Il y va aussi de notre intérêt européen : il est illusoire de penser que nous pourrons convaincre nos partenaires de mobiliser de nouveau de la dette commune pour financer la transition climatique si nos propres finances nationales ne sont pas rigoureusement tenues. Discipline nationale et ambition européenne vont de pair.

Il y va enfin de notre indépendance.

Une nation endettée est une nation dépendante de ses créanciers. Les États-Unis mis à part – et encore –, aucune nation dans le monde, et certainement pas la France, ne peut se permettre de vivre durablement à crédit. Sauf à renoncer à un moment ou à un autre à sa liberté de choix. Dans sa conférence de presse du 21 février 1966, le général de Gaulle se targuait d'avoir ramené la dette nationale de 3,3 milliards de dollars à moins de 450 millions. Il concluait : « C'est pourquoi [...] dans le domaine international, nous pouvons discuter sur tous les sujets, […] sans que qui que ce soit ait aucune prise sur nous. »

Le réarmement de la nation doit aussi être un réarmement financier.

Quoi qu'il en coûte en temps de guerre

Le 12 mars 2020, le président de la République déclarait dans son allocution sur le covid : « Le gouvernement mobilisera tous les moyens financiers nécessaires pour porter assistance, pour prendre en charge les malades, pour sauver des vies. Quoi qu'il en coûte. Tout sera mis en œuvre pour protéger nos salariés et pour protéger nos entreprises, quoi qu'il en coûte. L'ensemble des gouvernements européens doit prendre des décisions de soutien de l'activité, puis de relance. Quoi qu'il en coûte. »

L'expression allait passer à la postérité.

Elle serait critiquée ensuite – parfois par les mêmes qui me reprochaient quelques mois plus tôt de ne pas faire suffisamment pour telle ou telle entreprise de leur circonscription.

Elle était pourtant pleinement justifiée au regard de la gravité de la situation économique, comparable dans sa violence à la grande crise économique de 1929.

Tous les moyens que nous avons mis en place en un temps record, des prêts garantis par l'État au fonds de solidarité en passant par l'activité partielle, ne nous ont pas simplement permis d'éviter un effondrement transitoire de notre outil de production ; ils ont évité sa disparition.

Nombre de patrons de PME et de présidents de grands groupes vinrent me le dire lors de mes déplacements : sans un appui massif, jamais la France ne retrouverait les compétences, les savoir-faire, les qualifications acquises de haute lutte depuis des décennies. Fermer une usine, renvoyer les salariés chez eux, mettre sous cocon une entreprise – dans les secteurs de l'aéronautique, de la mécanique de précision, du nucléaire, de l'automobile ou de la métallurgie – aurait conduit à un suicide économique collectif.

On sait à quoi conduit ce genre de suicides collectifs : à une crise politique de grande ampleur. Voulions-nous vraiment cela ?

Le « quoi qu'il en coûte » aura aussi bénéficié aux restaurateurs, hôteliers, artisans, indépendants, spécialistes de l'événementiel, acteurs de la culture. Nouvelle salve de critiques : fallait-il vraiment dépenser autant pour des professions moins stratégiques pour notre économie ? Je refuse ce raisonnement ; je revendique l'aide substantielle qui a été apportée à toutes ces professions ; une économie est un tout, on ne fait pas la différence entre les petits et les grands, les filières à sauver et celles à laisser sur le carreau. Certaines injustices moindres se paient au prix fort.

Alors oui, il a fallu mettre fin progressivement au « quoi qu'il en coûte ». Une nation ne peut pas vivre durablement sur fonds public. Le budget 2024 en porte la marque, avec la sortie des boucliers tarifaires sur le gaz et sur l'électricité, qui représente une économie de plus de 10 milliards d'euros.

Nos compatriotes ont-ils été intoxiqués par ce « quoi qu'il en coûte » ?

Je ne crois pas.

Ils sont lucides sur les limites de nos ressources financières, attentifs au risque de la dérive de la dette, conscients que rien ne justifie de maintenir des dispositifs mis en place dans une période hors du commun.

En définitive, ce sont les administrations publiques, les ministres, les élus qui ont eu le plus de mal à comprendre que nous devions sortir de la période exceptionnelle pour rétablir fermement nos comptes publics. Ils ne sont pas les seuls : même les secteurs industriels les plus performants, comme le secteur aéronautique par exemple, sollicitent sans relâche le soutien public, en nous demandant d'abonder des fonds de soutien ou de participer à leurs investissements.

Ne faisons donc pas à nos compatriotes le procès de notre propre manque de courage.

Équilibre en temps de paix

Le véritable échec français en matière de finances publiques n'est pas de dépenser trop, mais de dépenser trop *tout le temps*.

Après des dépenses exceptionnelles, justifiées par une situation exceptionnelle, le retour à une période normale commande au contraire de renoncer à ces dépenses pour viser l'équilibre de nos finances publiques, dans les meilleurs délais possibles. Exactement le contraire de ce qui a été fait depuis cinquante ans. Après chaque période de crise nous amenant à un nouveau niveau de dette, ce niveau devient un palier, non un plafond ; voilà comment, au lendemain de la crise financière de 2010, alors que l'Allemagne rétablissait ses comptes, nous avons laissé filer les nôtres, pour accuser finalement 30 points d'écart de dette que nous n'avons jamais pu réduire. L'écart se monte actuellement à 47 points.

Je refuse cette facilité.

Nous devons tenir nos objectifs financiers, retirer tous les dispositifs de soutien exceptionnels, ajuster nos dépenses en fonction du niveau de la croissance – bref, gérer bien le budget de la nation.

Les premiers ajustements que nous avons faits fin 2023, sur ma recommandation et avec le soutien sans faille de la majorité, en particulier du rapporteur général du budget Jean-René Cazeneuve, nous ont évité une dégradation de notre note par l'agence de notation Standard & Poor's. Nous n'y échapperons pas au printemps 2024 si nous ne persévérons pas dans cette direction. Standard & Poor's ne décide pas de notre politique budgétaire ; mais elle en qualifie le sérieux. Le sérieux exige que nous rompions avec cinquante ans de facilité, où la dépense va à la dépense, dans une course folle qui épuise les réserves de notre nation.

Car cette crémaillère de la dette ne nous emmènera vers aucun sommet, mais vers un abîme.

Comme nous avons commencé à le faire, mais à une plus grande échelle en 2025 et dans les années qui viennent, nous devons donc désormais prendre des décisions fortes supplémentaires pour retrouver des niveaux de dette raisonnables, en réduisant la dépense publique et en assumant les choix politiques qui vont avec.

Est-il facile de venir au *20H* de TF1 annoncer que la facture d'électricité des ménages augmentera de 8,6 % à 9,8 % en février, comme je l'ai fait en janvier 2024 ? Non. C'est l'assurance de voir les oppositions se déchaîner dans une belle unanimité, ce qui est de peu d'importance, et c'est rogner un peu sur le budget des ménages, qui pour beaucoup se sentent pris à la gorge. Mais nous ne pouvons pas prendre en charge près de la moitié des factures lorsque les prix flambent en supprimant la TICFE[1], sans la rétablir lorsque les prix retombent : comment sinon financerons-nous les investissements dans les énergies renouvelables, la production d'électricité future ou la lutte contre la précarité énergétique ? À crédit ; ce crédit qui finit par nous épuiser et qui nous coûte si cher.

Les revues de dépenses publiques permettront de définir des économies dans le fonctionnement de certaines administrations, elles supprimeront les dépenses inutiles, elles réduiront les dépenses inefficaces.

Nous devrons les accompagner de décisions plus structurelles, par exemple sur les mécanismes

---

1. La taxe intérieure sur la consommation finale d'électricité, ou TICFE, finance les investissements dans les énergies renouvelables, le chèque énergie et le soutien énergétique aux DOM et à la Corse. Elle a été ramenée de 32 euros le MWh à 1 euro pendant la crise énergétique. Le gouvernement l'a remontée à 21 euros en février 2024. Elle retrouvera son niveau de 32 euros le 1er février 2025.

d'indexation automatique de toutes les prestations sociales, du SMIC ou des pensions de retraite, qui font exploser la dépense publique année après année, sans que cela réponde nécessairement à des choix collectifs assumés. Nous ne pouvons plus engager mécaniquement des dizaines de milliards d'euros de dépenses, au détriment d'investissements nécessaires à la nation, sans aucun débat public. Sur 1 000 euros de dépenses publiques chaque année, près de 250 vont au financement des retraites. Un quart. Est-ce le choix le plus judicieux ? Faut-il le faire évoluer ?

Une plus grande efficacité dans le fonctionnement de l'État est nécessaire, sur le modèle de ce que nous avons su faire avec le prélèvement à la source en matière fiscale.

Nous devons aussi nous appuyer sur un engagement volontaire des collectivités locales, en utilisant le lieu de débat du Haut Conseil des finances publiques locales que nous avons mis en place en 2023. Il sera le complément du Haut Conseil des finances publiques, qui apprécie chaque année le réalisme des prévisions économiques du gouvernement, évalue les recettes et les dépenses des administrations, donne des recommandations et des avis. Il associera pour la première fois la Cour des comptes et tous les représentants des échelons locaux : communes, départements, régions.

Enfin, pour éviter le déclassement de la France, nous devons nous interroger sur le coût de notre modèle social et sur son efficacité. Les Anglo-Saxons ont une expression parlante : « *The elephant in the room.* » L'éléphant dans la pièce des dépenses publiques françaises, c'est le poids de son modèle social. Un exemple : le reste à charge des dépenses de santé en France est le plus faible de tous les pays développés. Tous, nous payons moins que les autres citoyens européens pour nos soins de ville, nos interventions chirurgicales, nos traitements de longue durée ou nos médicaments. Nous pouvons être fiers de ce modèle ; nous pouvons aussi nous interroger sur sa soutenabilité financière sur le long terme. Entre ignorer la dérive des dépenses de santé et poser un diagnostic lucide pour préserver notre modèle de solidarité, je préfère la seconde option.

La rigueur nécessaire en France pour retrouver l'équilibre de nos finances publiques pourrait être définie à rebours de la politique financière de Louis XIV : une politique qui associe tous les acteurs, repose sur des choix publics transparents, ne sert pas des intérêts particuliers mais l'intérêt général, prépare le futur au lieu de consumer le présent.

Une politique du moindre luxe, ou de la dépense utile.

V

It's the identity, stupid!

Pour une France digne

Un mot d'ordre

On attribue faussement à Bill Clinton la formule : « *It's the economy, stupid !* » – soit : « L'économie, il n'y a que cela qui compte ! » En réalité, elle appartient à l'un de ses conseillers, James Carville, qui en avait fait le mot d'ordre des équipes de campagne du candidat démocrate face au candidat républicain George Bush.

À quelques mois de l'élection présidentielle de 1992, Bush était pourtant à peu près aussi certain de sa réélection que Valéry Giscard d'Estaing en France en décembre 1980. Dans les deux cas, les sondages leur donnaient entre 10 et 15 points d'avance sur leur rival principal. On sait ce qu'il advint en France, où la seule règle des élections est que le peuple aime rester libre de son choix jusqu'au dernier moment ; personne ne lui dicte rien. Aux États-Unis, George Bush finissait son mandat auréolé de la victoire des démocraties occidentales sur le communisme, il avait habilement accompagné la chute du mur de Berlin, son pas de deux avec Gorbatchev avait tourné en sa faveur, il venait de libérer le Koweït après son invasion par l'Irak de Saddam Hussein, le taux d'approbation de sa politique extérieure frôlait les 80 %.

Tout à ses victoires sur le front extérieur, l'administration Bush négligea la politique intérieure, en particulier la situation économique, qui ne cessait de se dégrader : l'économie était entrée en récession, le taux de chômage augmentait, le nombre d'immigrés clandestins explosait, le déficit budgétaire avait tellement progressé que George Bush fut obligé de renoncer à l'une de ses promesses majeures de campagne et augmenta les impôts. *Cherry on the cake*, des émeutes explosèrent à Los Angeles en avril 1992, après l'acquittement de quatre officiers de police blancs accusés d'avoir passé à tabac un automobiliste noir américain, Rodney King.

À l'automne, George Bush fut défait.

Bill Clinton triomphait : « *It's the economy, stupid !* »

Le mot d'ordre garde sa pertinence : un pouvoir sortant ne peut pas gagner une élection s'il ne présente pas un bilan économique solide. Au regard de la dégradation de la situation internationale, des risques géopolitiques, de la faiblesse de la croissance en Europe, notre majorité aurait tort par conséquent de ne pas s'engager résolument dans de nouvelles mesures pour soutenir l'activité en France, sur la base d'une stratégie de croissance, de plein emploi et de rétablissement des finances publiques que je viens de rappeler dans les chapitres précédents.

Notre bilan économique est notre premier capital politique, faisons-le fructifier ; ne nous reposons pas sur les lauriers encore incertains de nos premières victoires sur le front de l'emploi ou de la réindustrialisation.

Est-ce suffisant ?

Non.

Ne négligeons pas les inquiétudes culturelles qui travaillent en profondeur notre nation. Faute de quoi, un jour, nous nous réveillerons avec la gueule de bois au lendemain d'une élection perdue face aux extrêmes, avec un commentateur américain qui nous lancera, goguenard, un nouveau mot d'ordre : « *It's the identity, stupid !* »

La France au tournant du siècle

Prenons donc la mesure des bouleversements que la France a connus depuis le début du XXe siècle.

Une vieille nation catholique et républicaine qui voit les églises de ses villages tomber en ruine ou se vider, le principe de laïcité attaqué de toute part, jusque sur les bancs des écoles où des enseignants sont menacés pour défendre nos valeurs – et parfois assassinés sauvagement. Cette nation rurale où les campagnes se dépeuplent, nation qui a toujours porté en elle le rêve fou, faux, nécessaire de son unité, pour surmonter ses déchirements géographiques ou religieux, et qui assiste impuissante à la montée des communautarismes. Une nation qui se confond avec son État et en mesure les lacunes, une nation qui avait 5 % d'immigrés dans sa population en 1950 et qui en compte désormais 10 %, sans jamais avoir eu son mot à dire, nation toujours fière, généreuse, ouverte et solide, mais qui se prend à douter : qui suis-je ?

Un peuple irréconciliable depuis des siècles, dont une partie réussit, tandis qu'une autre peine à trouver sa place dans le monde qui vient et se sent dépossédée de son avenir. Les *dépossédés*, ce sont les agriculteurs qui voient tomber année après année les nouvelles normes européennes en même temps que leur revenu, les ouvriers qui commencent seulement à relever la tête, les employés dont le salaire net ne progresse pas suffisamment, les aides-soignantes à qui on demande toujours davantage mais qui ne comprennent plus le sens de leur métier. Tous les combats que nous avons menés depuis sept ans pour que chacun reprenne possession de sa vie doivent désormais prendre une autre mesure.

Face à cette réalité, nous devons affirmer la France.

Nous devons répondre à cette inquiétude culturelle, sans nous inquiéter de la récupération du Rassemblement national ou des invectives de LFI. Nous devons soigner les plaies, avec un mélange de tempérance et de grande fermeté.

La France est son État : rétablissons partout son autorité.

La France est laïque : ne cédons rien face aux provocations de l'islam politique, continuons sur la voie qui a été tracée avec fermeté par le président de la République dans son discours des Mureaux sur les séparatismes. La décision prise par Gabriel Attal, alors ministre de l'Éducation nationale, d'interdire le port de l'abaya dans les établissements scolaires doit rester comme le marqueur de notre détermination à stopper toute dérive fondamentaliste.

Car le fondamentalisme islamique doit être pris pour ce qu'il est : une menace de long terme contre notre sécurité, une attaque frontale quoique dissimulée contre nos valeurs, un facteur de division pour notre nation. Nommons les choses : ce sont les Frères musulmans qui représentent désormais le principal danger sur notre territoire. Leur ambition est claire : parvenir au pouvoir par des moyens directs ou indirects, en utilisant des associations, des candidats sur les listes des élections municipales, des financements détournés, des écoles privées. Notre naïveté en la matière fera notre malheur. Aucun accommodement raisonnable ne peut être envisagé avec ceux qui préfèrent le dogme religieux à la raison.

La France choisit qui elle accueille, expulse ceux à qui a été refusé le droit de rester sur son sol : assumons les choix de la loi immigration de 2023.

La France est une figure de la raison : ne cédons ni à la colère, ni aux passions dévorantes des réseaux sociaux, retrouvons partout le sens de la mesure, du savoir, de la responsabilité. On peut, on doit combattre le fondamentalisme islamique tout en se battant pour le respect de nos compatriotes de confession musulmane. On ne choisit pas un camp ; on défend la nation.

La France est indépendante : dans les grandes évolutions internationales en cours, ne défendons pas d'autre position que celle de nos valeurs. Le soutien à l'Ukraine s'impose non par calcul, mais par nécessité. Nous ne pouvons pas laisser Vladimir Poutine remettre en cause l'ordre international de 1945 pour lui substituer l'impérialisme russe. Les États européens ont fait le deuil de leurs empires, ce n'est pas pour en accepter un nouveau à nos portes.

La France est européenne : en tout, comportons-nous en Européens – sur notre industrie, sur nos savoirs, sur la défense de nos frontières, en matière de finances publiques.

La France est son histoire : cultivons-la. Notre mémoire collective est notre plus grande force, car elle vit, elle évolue, elle nous dépasse.

La France est sa langue : respectons-la.

Une plaie particulière

Qu'est-ce qui m'inquiète pour mes quatre enfants, âgés de 12 à 24 ans ?

Avoir des enfants, c'est accepter l'inquiétude. Je ne connais pas de parents *totalement* sereins, sauf lorsque leurs enfants sont autour d'eux, en quelque sorte à l'abri – mais à l'abri de quoi ?

Je ne mentionnerai pas les grandes crises de la planète, les guerres, le réchauffement climatique, les difficultés économiques : toutes les périodes ont leurs difficultés, le mot « crise » est devenu un mot passe-partout qui sert surtout à dissimuler une absence de réflexion sur ce qui nous arrive. La responsabilité de chacun, mes enfants compris, est de faire face à son temps, le plus courageusement possible.

Je pourrais citer les réseaux sociaux : ils constituent une addiction particulière, qui peut se transformer en menace. Certains restent bienveillants. D'autres au contraire procèdent par provocations, insultes, culpabilisation des plus fragiles, dévalorisation des plus faibles, exaltation de la violence radicale, promotion du fondamentalisme. Suivez TikTok. Demandons-nous ce que ce réseau apporte sérieusement aux générations qui viennent. Faisons le compte de ce que ce réseau détruit comme consciences, abîme comme personnalités, valorise comme individus ; le compte est-il bon ? Je ne pense pas.

Mais la plaie nationale que je redoute le plus pour mes enfants est la drogue.

Car depuis des années, en dépit des efforts des gouvernements successifs – en particulier du ministre de l'Intérieur Gérald Darmanin, qui en a fait un enjeu de premier plan –, le trafic de stupéfiants gangrène de plus en plus de territoires ; il touche des villes moyennes jusque-là épargnées, il se planque dans des communes rurales, il ronge des quartiers, exécute de sang-froid en pleine rue, règle ses comptes à coups de kalachnikov, brise la vie d'une étudiante à son bureau, sème une terreur sourde dans les familles, provoque des dommages irréversibles sur des centaine de milliers de jeunes cerveaux.

Ai-je la solution ? Naturellement non. Qui peut prétendre avoir la solution à un phénomène aussi durablement et profondément ancré dans notre société ?

Mais je mentionne cette plaie nationale à titre de *méthode*. Traitons les difficultés *réelles* de la France. Cessons de mettre en avant des difficultés secondaires, ou accessoires, quand notre nation réussit, tient bon, tout en faisant face à un nombre limité de problèmes graves, qui sont une menace réelle pour notre cohésion. La drogue en fait partie. Elle pourrait devenir une *grande cause nationale*, seule manière de mobiliser toutes les réponses possibles, de la réponse sécuritaire indispensable à la pénalisation plus sévère de certaines consommations en passant par un meilleur accompagnement des toxicomanes ou par la réponse psychiatrique.

Affirmer la nation, c'est aussi avoir le courage — ou le cœur — de traiter les plaies qui s'infectent, de nommer la réalité des choses, sans excès, avec lucidité, pour retrouver ce qui fait une part essentielle de notre identité : la douceur de vivre.

L'esprit français

Sommes-nous à un moment historique ?

En définitive, la question que devraient se poser tous les responsables politiques peut se résumer à : sommes-nous à un moment historique ?

Quoique nous soyons les moins à même de répondre à cette question, engagés que nous sommes dans le combat quotidien, qui le plus souvent obscurcit le jugement, nous avons le devoir de répondre ; car de notre réponse dépend la *nature* même de la politique que nous voulons mener.

Pompidou après de Gaulle n'a pas cherché à écrire l'histoire ; elle avait été faite par son prédécesseur.

Après les événements de 1968, la France aspirait avant tout à reprendre ses esprits. La croissance était au rendez-vous ; le plein emploi également ; l'élargissement de l'Union européenne, y compris au Royaume-Uni, s'imposait presque naturellement à toutes les nations du continent ; la France avait surmonté sa méfiance envers le cheval de

Troie des États-Unis, la Grande-Bretagne son aversion face à un destin continental ; les menaces de la guerre froide ne semblaient pas sur le point de se matérialiser. Dans ce temps de paix et de prospérité, pourquoi donc vouloir épuiser à nouveau le peuple français en lui fixant des horizons lointains ? Il était temps d'exploiter au mieux cet âge d'or de la modernité. Ce que Pompidou sut faire avec un art consommé de la mesure, qui ne l'empêcha jamais de défendre fermement ses convictions.

Maintenant est une autre affaire.

Maintenant, nous venons de traverser l'épreuve du covid, qui aura laissé des traces profondes dans la santé mentale et physique des nations. L'oubli si rapide de cette période hors du commun, comparable au point aveugle de la grippe espagnole après la Première Guerre mondiale, dont les peuples européens occultèrent rapidement le souvenir, traumatisés qu'ils avaient été par l'hécatombe militaire de 14-18, ne doit pas nous faire négliger le déplacement qu'elle aura opéré dans nos consciences, notamment dans notre rapport au travail, à la valorisation de certains métiers, à notre fragilité humaine. Les lois de la vie ont ressurgi en plein triomphe de la technique ; les lois sanitaires se sont imposées aux gouvernements les plus puissants ; chacun en est ressorti différent. Nous avons éprouvé nos limites.

Leçon cinglante pour les nations occidentales, habituées à considérer le progrès comme une marche en avant inéluctable, qui nous protégerait des mauvaises surprises du passé : la peste, les fléaux, les épidémies, les plaies universelles. Et si le temps humain n'était pas une flèche, mais un boomerang ? Dans ce cas, contrairement à toutes nos assurances, il pourrait se retourner contre nous.

Maintenant, nous voyons les règles brutales de la politique internationale se rappeler à notre bon souvenir. Nous – en particulier les Européens, en particulier l'Allemagne parmi les Européens –, qui pensions que le « doux commerce » pouvait pacifier les mœurs, sommes bien obligés de constater qu'un loup reste un loup, avec ses crocs. Si le loup a décidé de mordre dans un territoire, que ce soit aujourd'hui la Russie avec l'Ukraine, ou demain la Chine avec Taïwan, le « doux commerce » sera de peu d'effet ; il faudra bien un fusil.

Pour recourir aux armes, encore faut-il en avoir, sauf à dépendre entièrement de l'arsenal américain, par conséquent obéir aveuglément aux visées stratégiques de Washington. Il est donc temps de nous armer, nous les nations européennes qui nous sommes rassemblées pour la paix. *Si vis pacem, para bellum* ; certains adages ont la vie dure. Il est possible que ma génération, ou la suivante, soit la première depuis 1945 à connaître à nouveau la guerre. Non pas la guerre sur un *théâtre extérieur,* suivant une expression habile qui dissimule la réalité amère de tout conflit, mais la guerre sur notre scène européenne, sur notre sol. Nous refoulons au plus profond de nous-mêmes cette réalité, car nous avons fait de la paix le seul refuge inexpugnable de nos consciences. Mais existe-t-il jamais dans ce monde des refuges définitifs ?

Comme nous restons aussi le plus grand marché du monde, notre point de vulnérabilité est bien connu : ce sont nos chaînes d'approvisionnement. En énergie, en matériaux critiques, en technologies de pointe, en semi-conducteurs, en processeurs graphiques. Sans ces produits, notre économie ne tourne plus. Il faut bien se chauffer l'hiver ; il faut bien, pour un temps encore, de l'essence dans les voitures, du kérosène dans les avions. Si nous ne voulons pas que Moscou nous fasse danser avec ses livraisons de gaz, nous devons accélérer la construction de notre autonomie. La nouvelle mondialisation qui vient sera une mondialisation sans concession. Ne gagneront que les puissances indépendantes et prévoyantes. Les autres resteront à la merci du chantage stratégique de la Chine, de la Russie ou des États du Golfe.

Maintenant, le réchauffement climatique se traduit dans notre vie quotidienne : chaleur insupportable dans les grandes villes en été, sécheresses, inondations récurrentes, territoires inhabitables, traits de côte qui effacent des pans entiers de notre nation, valeur de millions de maisons qui chute, explosion des maladies respiratoires, la liste est longue des inconvénients immédiats du changement climatique et de ses conséquences sur notre population. Un nouveau projet de société est nécessaire.

Maintenant, les valeurs fondamentales de nos démocraties libérales sont contestées par des régimes autoritaires, qui utilisent tous les moyens à leur disposition, en particulier les *fake news* – prête-nom de la propagande *new age* –, pour infléchir le cours des élections et déstabiliser les électeurs. Ils ne sont pas les seuls. Une lutte à mort est engagée contre le principe le plus fondamental de nos sociétés occidentales : la liberté. Certaines puissances la considèrent comme une menace ; d'autres comme un artifice superfétatoire ; d'autres encore comme une atteinte inacceptable aux dogmes de la religion. Toutes ont en commun de prendre la France pour cible. Nous avons oublié qui nous sommes, nous le peuple français ; les gouvernements étrangers hostiles, les organisations terroristes, non : nous restons pour eux le peuple des droits de l'homme, de la raison, de l'universel et de la culture. Par conséquent, nous devons être écartés de la marche du monde, ou affaiblis.

Toute atteinte à la France est une victoire contre la liberté.

Pour toutes ces raisons, à la question « sommes-nous à un moment historique ? » je réponds *oui*, sans hésitation.

Ce qui justifie de renoncer à toute gestion de la France, pour poursuivre avec détermination une transformation en profondeur de notre nation. Nous ne sommes plus au temps béni des Trente Glorieuses – elles ne reviendront pas –, mais nous pouvons nourrir l'espoir, en nous rassemblant, d'affirmer à nouveau la France.

Nous avons réussi, avec Emmanuel Macron, à engager le pays dans cette voie ; les circonstances nous imposent de continuer, avec une énergie décuplée.

Éloge de la clarté

Cette énergie, nous devons la mettre au service non pas de vains débats sur des questions subalternes, mais des grands choix qui sont devant nous. Nous devons les exposer avec clarté. Nous devons les traiter avec fermeté.

Car une des meilleures manières de résister au piège des extrêmes est de refuser leur narration biaisée de notre histoire.

Les extrêmes sont arrivés à faire croire qu'eux, enfin, nommaient les choses ; en réalité, ils les déforment. Ils prennent une irritation de notre société, ils la grossissent, ils en font un monstre, dont la disparition éliminerait comme par magie nos difficultés réelles, qui semblent lilliputiennes à son côté.

C'est vrai à un extrême de l'échiquier.

Ici, on dénoncera par exemple sans relâche les abus de l'AME [1] ; et effectivement, aucun contribuable ne peut accepter de financer un dispositif qui rembourse à des patients en situation illégale des traitements de confort. Nous devons impérativement corriger les abus, supprimer les dérives : nous le ferons. Comme nous devons maintenir un dispositif de solidarité, par pur respect humain, mais aussi pour éviter des risques de contagion au reste de la population. On ne laisse pas traîner la gale par idéologie.

Objectif atteint ici par les extrêmes : on parle plus aux tables des familles du remboursement des opérations de recollement des oreilles que de la dérive des comptes sociaux.

Nous avons consacré des heures de débat à cette question, à l'Assemblée nationale et au Sénat.

Rappelons simplement un point : l'Aide médicale représente une dépense annuelle de 1,2 milliard d'euro, les dépenses publiques de santé, 186 milliards. Dans ces dépenses de santé, les affections de longue durée totalisent près de la moitié des coûts.

---

1. Aide médicale de l'État.

Leur coût augmente rapidement depuis des années, pour des raisons liées autant au développement de certaines pathologies qu'à la prise en charge de certains soins.

Pour dire les choses clairement : l'AME est une goutte d'eau, l'augmentation à venir des coûts de notre système de santé, un océan ; liée au vieillissement de notre population, au développement de pathologies résultant du réchauffement climatique, comme les affections respiratoires, au prix élevé des traitements médicamenteux les plus performants, cette augmentation des coûts peut nous placer rapidement face à des choix moraux autant que politiques particulièrement difficiles. Garantir l'accès de tous à des soins de qualité partout sur le territoire doit rester une des premières ambitions de notre société ; préserver une vie digne pour toutes les personnes en situation de dépendance, une exigence absolue ; éviter que les traitements les plus performants ne soient réservés aux plus riches, un impératif. Mais nous ne tiendrons ces objectifs qu'en remettant à plat nos dépenses, pour les employer au mieux. Il serait donc bon que nous y consacrions du temps dans nos débats.

C'est vrai à l'autre extrême de l'échiquier politique.

Là, on vous expliquera que les inégalités explosent en France, que le taux de pauvreté ne cesse de progresser et que, naturellement, les plus riches sont les premiers responsables de cet état de fait ; par conséquent il faut les taxer davantage, tout ira mieux.

Là, on prétendra encore que la répartition entre la rémunération du capital et celle du travail n'a cessé de se déformer, au profit de la première, que par conséquent il est temps de mettre à bas le modèle capitaliste.

Et peu importe que la France soit un des seuls pays développés à avoir contenu l'explosion des inégalités grâce à son modèle social parmi les plus redistributifs au monde, peu importe que le taux de pauvreté soit contenu, que la répartition de la rémunération du capital et du travail soit restée stable au cours des dernières années : les faits ne comptent pas, tant qu'ils ne servent pas la cause idéologique qu'ils doivent défendre.

La culpabilisation universelle est le vrai levier idéologique de ces partis ; elle trouve un terreau fertile dans la passion française pour l'égalité ; subrepticement elle glisse vers l'égalitarisme et nous conduit irrémédiablement sur la pente du déclin.

Nommer clairement les problèmes et les traiter, garantir la justice de nos décisions sont une méthode pour répondre au moment historique où nous nous trouvons.

L'épreuve des faits

Pourquoi des soldats commettent-ils des crimes en temps de guerre ? Parce que rien ne le leur interdit. Le droit international ? Il ne pèse rien sur un champ de bataille. Tout est permis à la force.

On pourrait dire la même chose des régimes autoritaires actuels.

Pourquoi attaquent-ils l'Ukraine, pourquoi s'en prennent-ils aux populations civiles en Syrie, pourquoi contestent-ils les valeurs occidentales, pourquoi remettent-ils en cause la réalité du réchauffement climatique ? *Parce qu'ils le peuvent.*

Et aussi : parce qu'ils osent tout.

Et aussi, encore : parce que nous ne nous y opposons pas avec autant de brutalité.

Au combat intérieur pour la clarté et la fermeté doit donc se superposer un combat extérieur pour nos valeurs.

Nous devons dire avec plus de force ce que nous sommes, ce que nous voulons, ce que nous construisons. Nous devons l'affirmer avec plus de détermination et *jusqu'au bout.*

Face à la guerre en Ukraine, nous pouvons être fiers de la réaction européenne : là où Vladimir Poutine s'attendait à des divisions entre nations, à une faiblesse collective, nous avons su faire front de manière unie et résolue. Mais le plus dur commence : la lassitude de l'opinion, le coût financier du soutien à Kiev, l'éclipse provoquée par le conflit au Proche-Orient, sans compter le travail de sape de la propagande russe, qui utilise tous les relais numériques et politiques à sa disposition, les hésitations du Congrès américain – autant de petites piqûres anesthésiantes qui nous rendent moins sensibles à l'avenir de l'Ukraine, moins désireux de sa victoire.

Et pourtant elle est nécessaire ; car le continent européen ne se relèvera pas d'une défaite militaire de l'Ukraine, qui serait une défaite de ses valeurs.

Sur le front ukrainien, ce sont deux avenirs qui se font face : une démocratie arrachée de haute lutte, au prix du sang des combattants de la place Maïdan, face à un régime totalitaire, qui fait fi de la vie humaine, paye les familles pour la mort de leurs enfants, impose son récit nationaliste à son peuple ; une histoire en mouvement, qui conduit le peuple ukrainien à se détacher de l'orbite russe pour demander son intégration à la famille européenne, face à une histoire immobile, qui proclame son éternité au reste du monde ; la paix face à la violence ; la liberté face à la prison. Car la Russie, cette immense nation, est devenue une immense prison où plus personne ne parle, ne se déplace, ni, qui sait ?, ne pense librement, sans risquer sa vie.

Alors oui, nous devons combattre pour les faits, contre la propagande ; pour la vérité, contre le mensonge et *jusqu'au bout*.

Une simple question de gouvernance

Et si je me suis permis ce rapide détour international, c'est précisément pour montrer que toute gouvernance politique actuelle, à l'intérieur comme à l'extérieur de nos frontières, doit désormais se battre pour les faits, dans la clarté.

Le vrai combat démocratique est le combat pour la vérité.

Quand tout devient mensonge, faux-semblant, reflet, manipulation, tromperie, propagande, quand la peur brouille les repères, quand la confusion se répand comme un brouillard épais dans les cerveaux, quand tout se vaut, alors il est temps de retrouver la clarté limpide de nos bassins, de notre architecture, de notre cartésianisme – bref, de la France.

À commencer par la clarté de notre gouvernance, que la Ve République a si bien définie, mais que le quinquennat nous a fait perdre de vue ; car le quinquennat, en alignant la durée du mandat du président de la République sur celui des députés, a obligé le chef de l'État à quitter sa position de surplomb pour descendre au milieu de la mêlée politique ; désormais, il doit décider au quotidien, donc naturellement diviser. Comment alors rester le garant de l'unité nationale ? Par quel prodige pourrait-il à la fois cliver *et* rassembler ? L'américanisation de nos mœurs politiques, qui a largement inspiré la réforme du 7 juin 2000 de la durée du mandat du président de la République, ne conduira qu'à une polarisation croissante de notre vie publique, à des blocages institutionnels, finalement à une impuissance à gouverner qui fait le lit des extrêmes.

À défaut d'une réforme institutionnelle qui ne semble pas la priorité dans les temps où nous sommes, revenons donc dans la pratique, malgré les contraintes du quinquennat, aux équilibres fondamentaux de la Ve.

Un président qui préside, un gouvernement qui gouverne, un parlement qui légifère et qui contrôle.

Un chef de gouvernement qui anime son gouvernement, et des ministres qui dirigent leurs administrations. Nous avons la chance de disposer de hauts fonctionnaires d'une qualité exceptionnelle – pas tous rebutés encore par les conditions de leur emploi –, utilisons-les au mieux, tout en obligeant ceux qui seraient tentés par une élection au suffrage universel à démissionner de la fonction publique. On ne peut pas être partisan et neutre.

Des collectivités territoriales moins nombreuses, aux compétences clarifiées, qui administrent librement leurs territoires.

Un Conseil constitutionnel dont les membres ne finissent pas une carrière politique, si éclatante soit-elle, mais dont la composition devra être repensée.

Des juges inspirés par une politique civile et pénale rigoureuse.

Et surtout, un peuple régulièrement consulté par référendum sur les grandes orientations de la nation.

En France, le dernier référendum en date remonte à près de vingt ans : le 29 mai 2005, le peuple français rejetait à 54,68 % des suffrages exprimés le traité établissant une constitution pour l'Europe. Par un tour de passe-passe qui ne trompa personne, les gouvernements européens rédigèrent alors un substitut à ce projet, le traité de Lisbonne, à propos duquel le père du projet de constitution européenne, Valéry Giscard d'Estaing, dira sobrement : « Dans le traité de Lisbonne, rédigé exclusivement à partir du projet de traité constitutionnel, les outils sont exactement les mêmes. Seul l'ordre a été changé dans la boîte à outils [1]. » Autant dire que le vote souverain du peuple aura été contourné par la procédure. On ne peut faire mieux pour affaiblir la démocratie.

---

1. *Le Monde*, 26 octobre 2007

Raison pour laquelle en 2006, dans les débats de la primaire, je proposai un nouveau référendum sur l'avenir européen. Ma position est invariable : le projet européen, comme le projet national, a besoin du soutien direct des peuples.

Il y a dans ce meilleur ordonnancement de nos institutions bien davantage à tirer que dans une réforme pour instituer la VIe République, dont les tenants ne souhaitent en réalité que la mort de la Ve.

L'esprit français

Je crois dans la force de l'esprit français.

Mais comme toujours en France, cet esprit n'a rien d'univoque ; nous sommes un peuple trop divisé pour nous enfermer dans un esprit unique, un tempérament uniforme, un goût simple. Nous portons dans notre cerveau politique Louis-Philippe et Bonaparte, la pesanteur bourgeoise et le tranchant aiguisé de la conquête, nous rêvons notre histoire avec Stendhal et nous la vivons avec Balzac, le silence éternel des espaces infinis nous attire irrésistiblement mais nous aimons rester à demeure, immobiles.

Une partie de l'esprit français nous tire vers le bas – le dénigrement incessant de ce que nous sommes. Cet esprit de démangeaison chronique,

qui nous irrite et nous rend insatisfaits, jaloux, sus-
picieux des autres, nous devons le dominer.

La vraie force de l'esprit français nous tire vers
le haut – le dépassement. Si je devais résumer la
responsabilité politique à une seule chose, ce serait
la détermination à cultiver cet esprit. Un responsable
politique prend des décisions ; il assume la part
conflictuelle de ces décisions, tout en cherchant la
voie du compromis : mais quelle autre voie de passage en démocratie que le compromis conflictuel ?
Il tranche ; il arbitre. Mais en tout, il doit développer le meilleur du peuple dont il a la charge.

Le meilleur du peuple français, c'est son esprit ;
la volonté de faire le mieux possible ; la disponibi-
lité ; le dévouement des infirmières au chevet des
malades, des aides-soignantes itinérantes dans les
campagnes, de ce jeune homme de 25 ans que je
n'ai jamais revu et qui nouait l'écharpe autour du
cou de Paul mourant pour qu'il n'attrape pas froid
dans le jardin de Rueil ; l'esprit de sacrifice, qui
pousse les soldats du feu à sauver ou périr, les militaires à perdre la vie en Afghanistan ou au Sahel
sans une plainte, le colonel Arnaud Beltrame à
prendre la place d'une caissière retenue en otage à
Trèbes pour mourir à sa place. Le meilleur du
peuple français, c'est cet esprit créatif, léger, rigou-
reux et maniaque, qui fait reprendre cent fois à une
couturière l'ourlet d'une robe qui ne tombe pas

bien, le flou d'un tissu ; ce sont les pommiers d'un vert éclatant de Fabrice Hyber et les aplats noirs de Soulages ; la langue clinique de Jonathan Littell comme le phrasé neutre, musical et envoûtant de Michel Houellebecq. L'esprit français se retrouve dans une pizzeria de Viry-Châtillon, quand une enseignante de primaire, après avoir énuméré les difficultés de son métier, le défaut de concentration des enfants, leur incapacité à respecter les règles les plus élémentaires de la vie en commun, quitte la table en disant : « Je les aime bien quand même ces gosses, ils le méritent. » Ils le méritent, quoi ? Sinon cette passion de transmettre, malgré tout. Adrien Dhondt, vigneron sur le terroir de Cramant, en Champagne, cultive sur une parcelle en forme de bateau, héritée de son grand-père, un vin d'exception, crayeux et fin. Comment fait-il ? « Je soigne chaque pied de vigne, un à un. » L'esprit français tutoie les étoiles avec la nouvelle astronaute Sophie Adenot, quitte Villemomble, en Seine-Saint-Denis, pour Pasadena, en Californie, en emportant dans ses bagages les rêves du jeune Allan Petre, 24 ans. L'esprit français soigne, console, cherche les meilleurs traitements contre le cancer, éprouve les limites de la matière, invente de nouvelles formes d'énergie pour lutter contre le réchauffement climatique.

Si nous voulons affirmer la France, nous devons défendre la force de son esprit.

Le monde se replie, que la France s'épanouisse.

Ce livre est dédié aux conseillères
et aux conseillers de mes cabinets ministériels
depuis quinze ans, qui n'ont jamais compté
leurs heures ni leur engagement ;
leur dévouement au service public
et à l'intérêt général force mon respect.

Table